大ダコは弁財船《べんざいせん》の底《そこ》にぴったりとすいつきました。

「おおー、どうした？せんどさん、船《ふね》がさっぱり進まんどぉ。」

「へーい、どうもおっかしいんでさあ。さっきから、船の底ば、ばけもんにでもつかまれたみてえでな、きゅうに船が重くなっちまって、どうにもはあ、動かねえんでさあ。」

「岩さつっかかったわけでもあんめえに、そったらばかなことってねえべよ。」

船の中に乗っていたみんなは、わいわいがやがや言いながら海をのぞきこみました。

すると、きゅうに、ゴボゴボ、ガバガバッと音がして、その音のまん中から、にゅーっと、大ダコが顔を出したからたまりません。みんなはびっくりぎょうてん、目を白黒させたまま、ひっくりかえってしまいました。

「つり鐘《がね》をかぶった大ダコ」（二二三ページ）

絵／カバー・アイヌの話……岸田　賢治
大扉・口絵・むかしむかしの動物の話・アイヌの話……杉山留美子
目次・むかしむかしのたのしい話・むかし話地図……米谷　雄平
むかしむかしのふしぎな話・開たくのころの話……原　義行
キツネとクマの話……丸藤　信也

読みがたり

北海道のむかし話

北海道むかし話研究会
北海道学校図書館協会 編

はじめに

昭和五十三年のことです。北海道に古くから語り伝えられてきているむかし話を本にまとめて、北海道に住む子どもたちをはじめとして、たくさんの人々に読み親しんでもらい、未来《みらい》へと語り継《つ》いでいってもらいたいとの大いなる願《ねが》いを込《こ》めた「ある一冊《いっさつ》の本」が誕生《たんじょう》しました。北海道むかし話研究会《けんきゅうかい》が作った「北海道のむかし話」という本、つまりこの本の前身《ぜんしん》となるものです。そして、本が橋渡《はしわた》しとなって全道各地の子どもたち、先生方、保護者《ほごしゃ》の方々などに、北海道にあるさまざまなむかし話が読み知られていくようになりました。

早いもので月日は流れ、四半世紀《しはんせいき》が経過《けいか》してしまいました。そこで今回、全国で復刻《ふっこく》されている各地のむかし話のように「ぜひ北海道でもむかし話を復刻《ふっこく》して、より多くの人々に読み親しんでもらいたい。今の子どもたちに、北海道に伝わるさまざまなむかし話を知ってもらい、楽しんでもらいたい。」と願いつつ、この本を作りました。

みなさんがご承知《しょうち》のように北海道には、古くから伝わるむかし話が本州《ほんしゅう》のような形では残されていません。

しかし、北海道には全国の他の土地にない特色《とくしょく》のあるむかし話が北海道ならではのさまざまな形で、時代を越《こ》えて伝えられてきているのです。

その一つは、「アイヌの民話《みんわ》や神話《しんわ》」です。古くから自然《しぜん》をあがめ、大地の恩恵《おんけい》を大切に受け止めながら北海道で生活してきたアイヌの人たちが、遠い先祖《せんぞ》から口々に語り継いできたむかし話です。アイヌの人たちは文字を持たないため、先祖代々、後世《こうせい》への言い伝えとしてたくさんのむかし話を大切に大切に語り継いできたのです。アイヌの人たちは自然を崇拝《すうはい》し、鳥や獣《けもの》や魚にまでも心を通わせて生活していました。その豊かな想像力《そうぞうりょく》と感性《かんせい》には、ただただ、驚《おどろ》く

ばかりです。また、中には動物にまつわる話などで本州のむかし話と似通《にかよ》ったものも見られ、むかし話の共通性《きょうつうせい》にも楽しさを感じとることができるのです。

二つ目は、本州から渡ってきて、渡島《おしま》半島から日本海沿岸《えんがん》にかけて早くから住みついた人々の中で生み出され、語り継がれてきた「和人《わじん》のむかし話」です。この中には、主人公が違《ちが》っていても本州で語り継がれているむかし話と似ているものや本州のむかし話が形を変えて伝わり、そのまま残ってきたものなど、本州との共通性も多く見られるようです。

三つ目は、北海道ならではの「新しいむかし話」です。明治時代《めいじじだい》のはじめに、北海道に鍬《くわ》をおろし、新天地を切り開こうとして苦労《くろう》した頃《ころ》の開拓《かいたく》の歴史にまつわるむかし話です。原始林《げんしりん》や吹雪《ふぶき》、洪水《こうずい》、クマなどとのつらく厳《きび》しい戦《たたか》いの中で体験《たいけん》した話や当時飛び交った珍《めずら》しいうわさ話などがこれにあたります。しかし、こうした話は、事実のない迷信《めいしん》や筋《すじ》のない話として軽く扱《あつか》われることも多く、時代と共に消え去ろうとしています。

この本には、こうした話もむかし話として取り上げられています。なぜなら、よく読んでみると、苦労しながらも夢《ゆめ》を追い続け、笑《わら》いや楽しさ、面白《おもしろ》さを求《もと》め続けていた開拓当時の人々の姿《すがた》が、話から感じられるからです。

最後に、この「北海道のむかし話」を手にして読んで下さった方々が、今度は過去《かこ》と現在《げんざい》と未来とを結ぶ「新しい語り部《かたべ》」となり、さらにたくさんの人々にむかし話の楽しさを語り継いでいって下さることを期待しています。

また、めまぐるしく変化し発展《はってん》し続ける二十一世紀《せいき》の今日、今一度「温故知新《おんこちしん》」の精神《せいしん》に立ち戻《もど》り、むかし話に触《ふ》れて、貴重《きちょう》な心の財産《ざいさん》を増《ふ》やして下さることを願っています。

北海道学校図書館協会
「読みがたり　北海道のむかし話」編集委員会
代　表　貴戸　和彦

もくじ

キツネとクマの話

アイヌの話

開たくのころの話

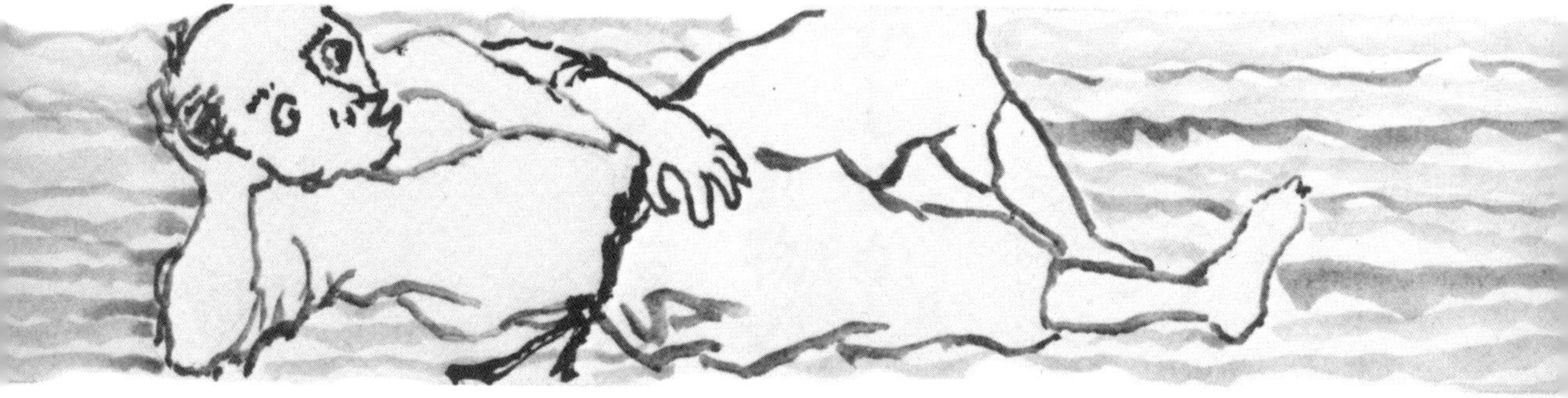

北海道のことば

アイヌ語について

アイヌ語は北海道の先住民族《せんじゅうみんぞく》であるアイヌ民族の言語《げんご》です。日本語風に発音を変えられ、また、漢字で書かれているために普通《ふつう》は気がつきませんが、北海道の地名はそのほとんどがアイヌ語起源《きげん》です。地名変更《へんこう》によって都市部では古い地名がだんだん失《うしな》われる傾向《けいこう》にありますが、それでも大都市札幌《さっぽろ》の市内を走る地下鉄の駅名の中にさえ、今でもアイヌ語起源のものを見出すことができます。例えば、「平岸駅《ひらぎし》」の「平岸」は pira-kes「崖《がけ》・端《はし》」、「真駒内駅《まこまない》」の「真駒内」は mak-oma-nay「奥《おく》・に入る・沢」のように解釈《かいしゃく》できます。

発音について言うと、アイヌ語は、言葉の最後にいろいろな「つまる音」がよく出てくるところが日本語とは違《ちが》います。「カッパ」と発音するつもりで、「ッ」のところで息を止めてしまうと、「皮」という意味です。「買った」と発音するつもりで、やはり「っ」のところで息を止めてしまうと、「様子」という意味の言葉になります。つまり、日本語では同じ小さな「っ」で書かれる音でも、アイヌ語では発音が微妙《びみょう》に違っていて、違う意味の言葉になってしまう、ということなのです。

また、言葉の規則《きそく》（文法）も日本語とは大きく違った点があります。例えば、お店で「ぼくはウナギだ」と注文しても日本語ではおかしくありませんが、アイヌ語で同じことを言ったら大変です。自分自身がウナギだ、と言っていることになってしまいます。それから、「札幌はラーメンがおいしい」も日本語では言えますが、これもそのままアイヌ語に直すことはできません。少なくとも「札幌ではラーメンがおいしい」のような言い方にしないとちょっとおかしいのです。これはほんの一例で、他にもいろいろと違った点がみられます。

このように、アイヌ語は日本語とはしくみが全く違った言葉なわけですし、文化も違うわけですから、アイヌ語で語られた昔話を日本語に直したものは、良くできたものであっても、実はそれだけでは理解が行き届《とど》かないところがどうしても出てきてしまうものなのです。皆《みな》さんもこの本を読んだことをきっかけに、興味《きょうみ》を深めて、いつかぜひ、機会があったら、アイヌ語の原文のほうも味わってみていただきたいと思います。

北海道大学大学院文学研究科助教授
佐藤知己

むかしむかしの動物の話

日本の中では、自然《しぜん》が豊《ゆた》かだと言われている北海道。でも、今から百五十年ほどより前には、現在《げんざい》と比《くら》べようもない広大な自然がもっともっと広がっていたのです。

まだまだ、本州《ほんしゅう》から移住《いじゅう》してくる人が、少なかったからです。そこには、今ではもう決して見ることのできない動物たちも、たくさんくらしていました。

動物が主人公となっているむかし話は、日本中にたくさん残されています。北海道の大地に、古くから住んでいるアイヌの人たちに伝わるむかし話にも、数多く登場してきます。

北海道は、新鮮《しんせん》な魚介類《ぎょかいるい》がたくさんとれることで有名です。明治《めいじ》の世になる以前《いぜん》から、道南を中心にして海岸ぞいに和人《わじん》が町を開き、漁業をいとなんできました。そんな身近なえものが登場するお話ができてきたのもうなずけますね。

また、もともとは、アイヌの人たちのお話だったものも、今に伝えられています。

大鵬《おおとり》とエビとアカエイ

ずっとむかしの話だと。

神恵内《かもえない》の奥《おく》の沢《さわ》に、大鵬《おおとり》が住んでいたと。羽《はね》をひろげて、だあーっと、世界をまたにかけて飛《と》んであるいたんだとさ。

そしたら、あんまりでっかいもんだから、どこさ行っても休むところがないんだ。それで休む場所をさがしたんだな。

そしたら、いいあんばいに、二本の高い高い木が見つかったんだと。

大鵬はやれやれと、その木にとまって、羽を休めていたら、

「だれだあ！　おれのひげにとまっているのはだれだあーっ。ひげにとまっているのはだれだあーっ。」

と、どなられたかと思ったら、その大鵬《おおとり》はぶっとばされてしまって、地面にたたきつけられてしまったと。

さあ、そのひげの主《ぬし》はなんだと思ったら、それはおどろくなかれ、大きた、大きた、大きた(大きな)ガサエビであったと。ガサエビって、シャコのでっけえやつだぞ。

ガサエビは、

「おれは世界一大きい動物だべ。」

と、それからのそのそと歩きまわったんだが、どこさ行っても、ねぐらがなくて困《こま》りはてたんだと。

そしたら、大きた、大きた、ほら穴《あな》が二つ、がばあっと、あいていたんだと。

やれやれと、ガサエビはそのほら穴の中に、どぼーんと入って、ねむりこけていたんだな。

そしたら、

「だれだあ！　おれのはなの穴に入って、ねているやつはだれだあーっ！」

と、ふーんと、くしゃみしたったとさ。

そしたら、その大きなエビのやろが、べえーんと、ぶっとばされてしまい、ぐわっさり、ぐわっさり、元《もと》の神恵《かもえ》の山のてっぺんまで落ちてきたんだと。そして、こしぶちつけてしまってな、エビのこしがまがってしまったと。

エビは今でもこしまがってるべさ。

その大きた、大きた、大きた穴、なんだったらなあ、そりゃアカエイというものの、はなの穴だったたとさ。

大鵬をおどろかしたエビ。そのエビがはなの穴にやどがりしたアカエイ。世界じゅうでいちばん大きたものはアカエイなんだぞ……。

と、おらあ、いつも聞かされて育ってきたんだ。

すもうの大鵬《たいほう》※の母親は、おらの同級生だった。それですもうとりの大鵬は、神恵内《かもえない》の大鵬《おおとり》の話からとって、大鵬って名まえくっつけたという話だと。

大きく羽ばたけって、いうんだなあ。

神々が住む土地、神恵内にふさわしい話だなあ。

注　※大鵬《たいほう》＝昭和《しょうわ》時代の大横綱《よこづな》だった力士《りきし》。

山内鉄男伝　文・大西　泰久

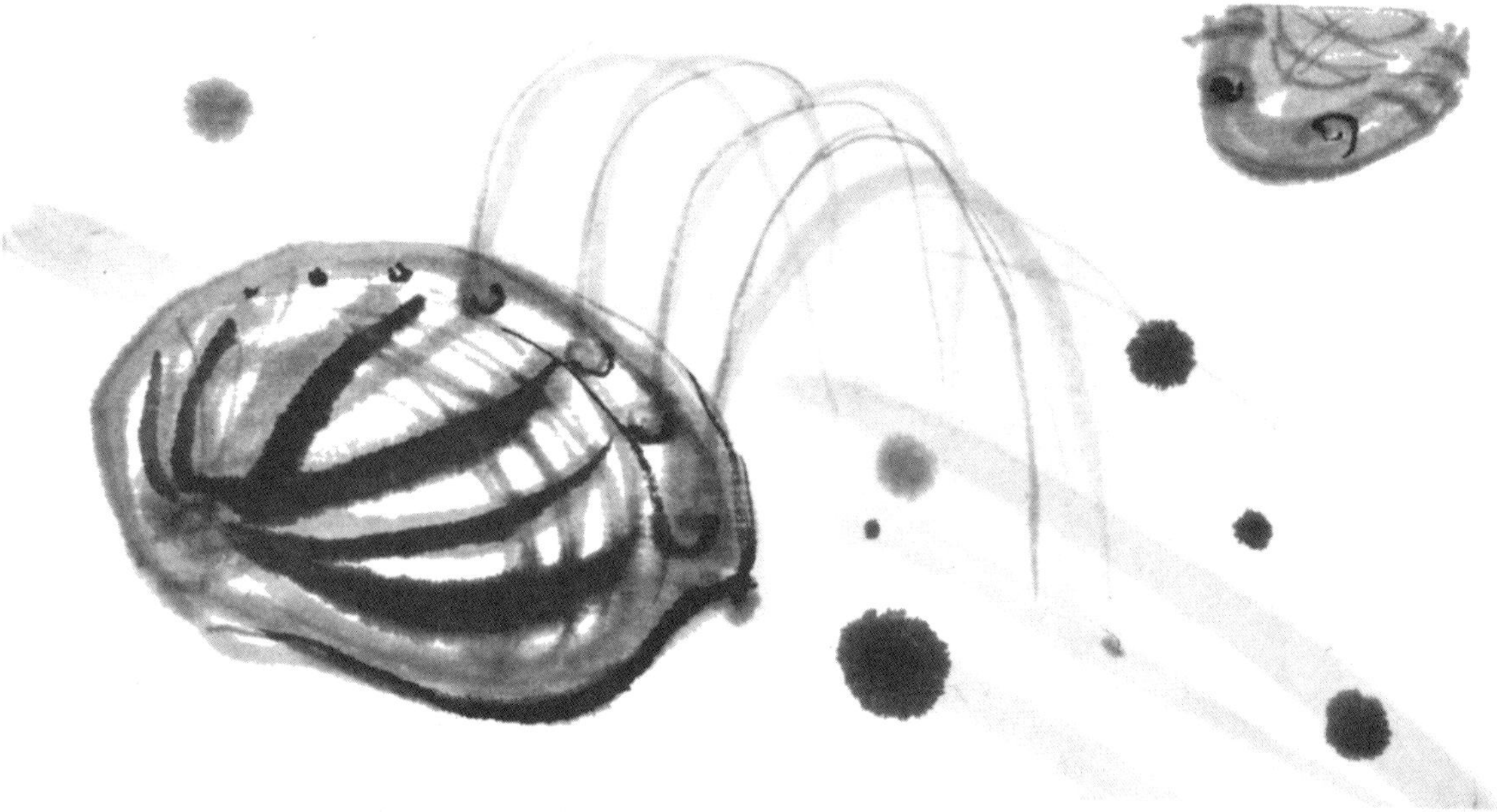

ムイとアワビの大げんか

ムイ※とアワビは仲《なか》が悪くて、神様《かみさま》もこのごろはほとほと困《こま》りはててしまいました。

遠くから、おたがい、そのすがたをみただけで、もう、ムイは大きな白目を出してにらみ、アワビは、穴《あな》という穴からホースのように水を出してぶっかけ、すごいけんかになるのです。

神様は、

「おまえたちはもともと、いとこ同士《どうし》で、先祖《せんぞ》は同じなのだ。だから、すがた形も似《に》ているであろう。おたがい、平和に仲よくつきあっていかないことには、どちらかが、この世の中からはみ出して、すがたをけしてしまうことになる。ムイもアワビも、いいかげん、けんかをやめなさい。」

そういうのです。

しかしもう、ムイもアワビも、いじになっていました。

こうなってはもう、神様《かみさま》のいうことも耳に入らないようです。

けんかの原因《げんいん》はというと、もともとは、ほんとにささいな、つまらないことでした。

戸井《とい》の海には、ムイとアワビがごっちゃになってすんでいましたが、ある日、ムイの子どもと、アワビの子どもがえさをとるのに、ガッチンコしたのです。

いたかったアワビの子どもは、頭をなでなで、

「なんだおまえは。骨《ほね》なしのくせに、いやに固《かた》い頭だな。なに食って固いんだあ。おれのうんこのついた砂《すな》でもくらって、石頭になったのか？」

と、どなったのです。

たまたま近所《きんじょ》にいたムイの親がこれを聞いて、何をなまいきなアワビのむすこめと、いきりたち、

「こら、アワビ……。骨なしとはなんだ、骨なしとは……。ムイはこのとおり骨があるんだぞ。おまえのほうこそ骨なしではないか。からなぞかぶって、ごまかしているくせに……。」

と、どなりながら、もそもそと、むすこのかせいにのりだしていったのです。

大声を出して、どなっているムイの声を聞きつけて、これまた、アワビの親が急いでやってきました。

さあ、こうなると親のけんかです。アワビは、

「なに？　からをかぶってごまかすだと……。ごまかすとはなんだ、ごまかすとは……。ごまかしているのはおまえのほうだろう。なんだそのざまは。おれたちのまねをして、ちょーっとばかり、背中《せなか》にからに似《に》せたものをくっつけたってなんになる。おれたちの体《たい》あたりで、ひとつぶれではないか。」

ムイはムイで、

「なにをなまいきな、この風来坊。やる気ならどんとこい。」

と、胸《むね》をはってひっこみません。

もともとムイは、このあたりを根《こん》きょ地にして、あまり遠くまで足をのばしませんでしたが、アワビはどこへでも歩いていくので、ムイは「風来坊《ふうらいぼう》」などといったのです。

このけんかが、隣近所《となりきんじょ》に広まり、ムイはムイで同盟《どうめい》を結《むす》び、アワビはアワビ同士《どうし》が集まり、とうとうなわ張《ば》り争《あらそ》いがはじまったのです。

もともと、アワビは、

「あんな、武装《ぶそう》の一つもないようなムイのところへなんぞ、娘《むすめ》は嫁《よめ》にやれぬ、親るいづきあいなんぞごめんだ。」

と、常日《つね》ごろから、ムイの一族《いちぞく》を軽《けい》べつしていましたし、ムイはまたムイで、

「なんだ、固《かた》い岩のような家をかぶって、もそもそとはいずりまわり、顔もろくすっぽ見せやしない。アワビってやつは、まったく陰気《いんき》なやつだ。あんなやつの娘など、嫁にもらえるものか。」

と、これまたアワビの性質《せいしつ》をいやがっていたのです。

ですから、子ども同士のちょっとしたいさかいが口火《くちび》になり、火は意外《いがい》に早く燃《も》えだしたのです。

ムイとアワビのけんかは満月《まんげつ》の晩《ばん》に爆発《ばくはつ》しました。

ムイは早くも同志《どうし》を集めて、こんもりと高い岩礁《がんしょう》の付近《ふきん》にじんどりました。

風来坊のアワビは、なかなか同志が集まらずいらいらしていましたが、さすが、天下分《てんかわ》けめの戦《たたか》いとあっては、ぼやぼや、のろのろしているわけにもいかず、桧山《ひやま》の熊石《くまいし》のほうからも、渡島《おしま》の臼尻《うすじり》、鹿部《しかべ》のほうからも、ぞくぞくとアワビたちが集まってきました。

満月《まんげつ》が中天《ちゅうてん》高くのぼったころ、海の底《そこ》では、ムイ対《たい》アワビの戦いの火ぶたが切って落《お》とされました。

からがないとはいうものの、ムイのばか力はすごいもの。十枚余《まいあま》りの、うろこのような、そしてまた板《いた》のような甲《こう》らをさかだてて、ひゅうひゅうと水を切って、アワビの群《む》れに突進《とっしん》していくさまは、実《じつ》にりっぱでした。

これに応戦《おうせん》するアワビも負《ま》けてはいません。陰気《いんき》で内気《うちき》で、頭を出したことのないようなアワビが、足も手も顔もむき出しで、からが、ずっこけそうになるのもかまわずがんばったのです。

勝負《しょうぶ》がきまらず、両者《りょうしゃ》とも相当《そうとう》に負傷者《ふしょうしゃ》がでたようでした。

そこで、見かねた神様《かみさま》が、ちゅうさいに入ったのです。

神様はいいました。

「いいか、このままではおたがいが全滅《ぜんめつ》してしまう。からのあるなしにかかわらず、これでおたがいの力が五分《ぶ》と五分だということはわかったであろう。そこで、わたしが条件《じょうけん》を出すから、ムイもアワビもこれに従《したが》うようにしなさい。」

神様はきっとしてムイとアワビにいいました。

「ムイたちよ。おまえたちはまっ先にこの島のまわりに集まっていたが、ここは、仲《なか》なおりにちょうどよい島だと思う。いいか、ムイたちは、この島から東のほう一帯《いったい》を自分の領土《りょうど》として、そこに住むがいいだろう。アワビたちよ、おまえたちはこの島から西のほうを領土とすれば、おたがいけんかすることもなく、傷《きず》つけあうこともないであろう。いいかな、アワビは、ふらふらとムイの領海《りょうかい》へ出かけることのないよう、十分《じゅうぶん》気をつけること。約束《やくそく》を守らぬ者は、全滅のうきめをみるであろう。」

と。

こうしてムイとアワビは、この日限《かぎ》り、この島をさかいにして、べつべつに住むことになったのです。

そして、これからこの島は、ムイの島(武井《むい》の島《しま》)と呼《よ》ばれるようになったのです。

この武井の島というのは、函館《はこだて》から汐首岬《しおくびみさき》をまわった、すぐの町、戸井《とい》の漁港《ぎょこう》のそばにあります。こんもりとした岩礁《がんしょう》の小さな島です。

つい最近《さいきん》まで、この武井の島より西のほう、函館、松前《まつまえ》、熊石《くまいし》方面の海岸《かいがん》には、ムイなどというカイは一ぴきもすんでおらず、アワビがたいへん繁殖《はんしょく》していました。

そしてまた、この島より東のほう、恵山岬《えさんみさき》や、岬をまわった尾札部《おさつべ》から内浦湾《うちうらわん》には、ムイがいるが、アワビのすがたはずうっとみかけなかったということでした。しかし、つい最近は、アワビの養殖《ようしょく》がさかんになり、アワビはこの海岸一帯《いったい》からとれるようになりました。

アイヌはこの島を「ムイ・ワタラ」といっていたそうです。

「ムイ」というのはアイヌ語では「箕《み》」のこと、「箕」は、農家で米や麦など雑穀《ざっこく》の殻《から》とごみをより分《わ》けるのに使っている用具《ようぐ》です。

「ムイ・ワタラ」とは、ムイのいる島とか、磯《いそ》とかいう意味《いみ》だそうです。

「ムイ」というのは、大きさはアワビぐらいで、大小ありますが、形《かたち》はそれこそ「箕」をふせたような形で、表面《ひょうめん》は、サメの皮《かわ》のように、ざらざらしているのです。

わり竹をあんで作ったもので、形は、チリトリに似《に》ています。

色《いろ》はかっ色《しょく》で、うらに吸《きゅう》ばんがあり、岩《いわ》にぴったりくっついているのです。

土地《とち》の人の話では、アワビよりは味《あじ》はおちるし、めったに生《なま》のままでは食《た》べないということでした。たいていは、「はっしゃく」※という用具《ようぐ》を使ってとってくるといっていました。

アワビよりは味《あじ》はおちるし、

おでんのように、いろいろなものといっしょに煮《に》こんで食べるそうです。

煮る時には、中に入っているひし形をしたような骨《ほね》をぬきとってから、煮るのだと言っていました。味《あじ》はまあまあ、ということです。

文・坪谷　京子

注　※ムイ＝「オオバンヒザラガイ」という貝の一種。

※はっしゃく＝熊手《くまで》のようなつめがついた網《あみ》でできた袋《ふくろ》。海底《かいてい》をひきずって貝を採《と》る用具。

つり鐘《がね》をかぶった大ダコ

江差《えさし》のかもめ島は、美しい島でした。

真《ま》っ青《さお》な海の上に、白い白いカモメが、両方《りょうほう》のはねを思いっきりひろげて、ふんわりとういているような、そんな島だったのです。

ですから、海のさかなたちは、みんな、このかもめ島が大すきでした。

なかには、わたしをむこにしてくれとか、わたしの嫁《よめ》さんにきてくれとか、かってなことをいって、かもめ島のそばによってくるものもありました。

ある日のことです。

江差の北のほうの三《み》つ谷《や》の海から、大きなタコが一ぴき、ふらっとやってきました。

タコは、かもめ島をひと目見て、すっかりすきになってしまったのです。

「いやあ、これはまた、なんて美しい島だろう。すらりとのばした両はねの、なんとすべすべとなめらかなことよのうー。よしよし、わたしはおまえさんのおむこさんになってやるよ。

そして、おまえさんをかわいがってあげるよ。」

大ダコは、かってにこんな一人《ひとり》ぎめをして、かもめ島に住みついてしまいました。

そして、大ダコは、約《やく》そくどおり、日になんども大きな頭をふりたて、大きな目玉をぎょろぎょろさせて、かもめ島のまわりを見まわりました。

頭がじりじりとあつくなるような夏の日でも、また、雪が降《ふ》って、頭がぴりぴりするような寒い冬の日でも、大ダコはなんどもなんども島をまわりました。

そんなある日、大ダコは、おかしなものを見つけたのです。

沖《おき》のほうから、まっすぐに江差《えさし》の港《みなと》へ向かってくる弁財船《べんざいせん》※の真《ま》ん中《なか》に、自分の頭によく似《に》たかっこうのものが、一段《だん》と高くした場所に、ていねいに置《お》かれているのを見たのです。

「なんだろう、あれは？」

なにせ、好奇心《こうきしん》の強い大ダコです。とてもじっとしてはいられません。

「そーれっ。」

とばかり、沖の弁財船目がけて泳《およ》ぎだしました。

船《ふね》には、たくさんの人が乗っていてにぎやかでした。

「やあや、㊚《まるさ》のおどさんよ、まんずまんず、ここまでくればはあ、着いたも同然《どうぜん》でぁすなー。えがった、えがった。」

「ほんだってばー。ほれ、かもめ島も見えてきたで、何ごともなくて、ほんとにえがったですなー。」

「やれやれ、これではあ、やっと江差の寺さもつり鐘《がね》ばつって、あの、ゴーンていう音が聞けるようになったちゅうわけであんすなー。」

「うんだってばー。早くつるして、この鐘のおどば聞きてえもんだなんす。」

「せんどさんよー。もうひとふんばりたのみますでえ。」

みんなは、目の前に見えてきたかもめ島に、すっかりうきうきしていました。

このひとたちは、江差の正覚院《しょうかくいん》というお寺のだん家総代《かそうだい》※で、京都《きょうと》へたのんでおいた、お寺のつり鐘を取りにいった帰りだったのです。

何せ、このころの江差《えさし》ときたらもう、毎日がお祭りのようなにぎやかさでした。

ニシンが、どんどんとれて、それがまた、どんどんどんどん売れるのです。ですからお金は、川の水が流れてくるように、江差へ江差へと入ってきました。とくに、五月、六月は、ニシン漁《りょう》が終わりになる、きりあげ時なものですから、あちこちの町から、出店《でみせ》がたくさん集まってきて、たべものを売る店や、遊ぶ店が大はんじょうでした。

「江差の五月は江戸《えど》にもないよ。」

と、うたわれたのはこのころです。ですから新しいお寺がどんどん建《た》ち、古いお寺もまたどんどん新しく建《た》てかえられました。そんな中で、正覚院《しょうかくいん》の坊《ぼう》さんから、つり鐘《がね》がほしい、という話がでて、だんだん家のみんなも、そうだ、そうだということになり、さっそく京都《きょうと》の有名《ゆうめい》なつり鐘師《がねし》に作らせたのです。

大ダコが見たのは、実《じつ》はこのつり鐘だったのです。

大ダコは、もちろんつり鐘など知りません。

「えへぇー、あれはなんじゃろなー、おれの頭によう似《に》てるが、あいつを、頭からすっぽりかぶると、ねむるときにはつごうがいいわい。よし、こうしちゃいられない。ちょいとあいつをもらっておこう。」

大ダコは弁財船《べんざいせん》の底《そこ》にぴったりとすいつきました。

「おおー、どうした？　せんどさん、船《ふね》がさっぱり進まんどぉ。」

「へーい、どうもおっかしいんでさあ。さっきから、船の底ば、ばけもんにでもつかまれたみてえでな、きゅうに船が重くなっちまって、どうにもはあ、動かねえんでさあ。」

「岩さつっかかったわけでもあんめえに、そったらばかなことってねえべよ。」

船の中に乗っていたみんなは、わいわいがやがや言いながら海をのぞきこみました。

するとこ、きゅうに、ゴボゴボ、ガバガバッと音がして、その音のまん中から、にゅーっと、大ダコが頭を出したからたまりません。みんなはびっくりぎょうてん、目を白黒させたまま、ひっくりかえってしまいました。

そのあいだに大ダコは、ずるり、ずるりと、船の中にはいりこみ、五本も六本もの手をのばして、つり鐘をしっかりかかえこんでしまいました。そして、ぶるぶるふるえているみんなの顔を、ひとわたりぎょろりとながめて、ひょっとこのような口をつき出し、真《ま》っ黒《くろ》いすみを、ブスーッとふきまくりました。

このふいうちに、みんなはまたびっくりぎょうてん。「キャーッ。」と声をはりあげ、こしがぬけて、動けないものも出るしまつでした。

大ダコはその間に、つり鐘をだいたまま、ズズズーッと海の中へしずんでいってしまいました。

あまりにもきゅうなできごとで、乗っていた一同は、まるで、キツネにでもばかされたように、ぽっかーんと口をあいたきりで、こしが立ちません。だれもが、しばらくは声もでませんでした。

いっぽう、浜《はま》べでは、ひと目、つり鐘《がね》を見たいものだと、たくさんの人たちが集まっていました。

なにせ、江差《えさし》でははじめてのつり鐘ですから、見たことのない人もずいぶんいました。もちろん、音色《ねいろ》も聞いたことがないわけです。

きょうは、鐘が着いたら、正覚院《しょうかくいん》までつり鐘

行列《ぎょうれつ》をし、鐘つき堂《どう》に鐘をつり、ひとつき、ふたつき、鐘の音を聞かすというのですから、みんなは、いまかいまかと弁財船《べんざいせん》の着くのをまっていたのです。

そこへ知らされたのが大ダコそうどうです。タコにつり鐘を取られた、というのですから、集まっていた人たちも、あいた口がふさがりませんでした。しばらくしてみんなは、

「そのつり鐘ば、ぜひ取りもどさにゃならん。タコなんかに取られてたまるもんか。」

ということになり、いさましい若者《わかもの》たちを先頭《せんとう》に、ふたたび弁財船に乗りこんで、この大ダコからつり鐘を取りもどそうということにきまったのです。

そこへ、江差の町で、人々からそんけいされている神主《かんぬし》がやってきました。神主は、

「まてまて、みなのしゅう。タコにつり鐘がいるなどとは聞いたこともないが、タコにはタコの理由《りゆう》があって、つり鐘をもっていったのかもしれない。これはひとつ、タコに聞いてみてからにしよう。」

ということになりました。

なにせ、相手《あいて》は、ばけもののような大ダコのことです。それでは、ということで、神主も弁財船に乗って出かけたのです。

つり鐘がうばわれたあたりにくると、神主は、さっそく、ごきとう※をあげました。するとどうでしょう。またもや、さっきの大ダコが、まるで海水を持ちあげるようなかっこうで、ぶきみな音とともに、直径四尺《ちょっけいよんしゃく》（一尺は約《やく》三〇センチメートル）もあろうかと思われる頭を、にゅーっと水面

にあらわしたのです。

さすが血《ち》の気《け》の多い若者《わかもの》の顔からも、一しゅん、さーっと血が引きました。見るとぶるぶるふるえています。

神主《かんぬし》はおごそかな声でいいました。

「これ大ダコよ。お寺におさめるつり鐘《がね》をかすめ取って、なんといたす気じゃ。」

するとおおダコは、口をとがらせて、

「わしは、三つ谷《みや》から、ここにむこにきたのじゃが、このとおり頭がでっかいんでな、いつも頭のかくし場所《ばしょ》にこまっておったんじゃ。ところで、これは、つり鐘《がね》とかいうものだそうだが、これは、わしの頭にぴったりじゃ。これがあれば昼ねのじゃまをされんですむ。だからもらったんじゃ、わしは、かもめ島のむこじゃからな。」

というのです。

神主は、この大ダコをおこらせては、きっと、あとのたたりがおそろしいであろうとさっしたので、みんなに目くばせをして、つり鐘《がね》はそのまま、タコにくれてやることにしました。

大ダコはよろこんで、海へもぐっていきました。

さて、そのためかどうか、こんなことがあってからは、江差《えさし》の近所一帯《きんじょいったい》は、いつもおさかながとれたということです。

そして、いっぽうこの大ダコは、つり鐘をかぶっているせいか、ほかのてきにおそわれることもなく、ますます、ますます大きくなって、すっかりかもめ島の主《ぬし》になってしまったのです。

そして、かもめ島を、その太《ふと》い、長い足で、七まき半もまいて、今でものんびりと昼ねをしているそうです。

お天気のいい、海のないだ日などには、そのつり鐘《がね》の竜頭《りゅうず》（つり鐘の頭についている竜の形をした部分）のあたりが、波のまにまに見える、という話です。

文・坪谷　京子

注　※　弁財船《べんざいせん》＝江戸時代《えどじだい》、北海道へ本州《ほんしゅう》の品物を運び、おりかえし北海道の産物《さんぶつ》を日本海を通って大《おお》阪《さか》まで運ぶ船。

※　だん家総代《かそうだい》＝その寺に自分の家の墓《はか》がある人たちのなかの代表者。

※　ごきとう＝神仏《しんぶつ》にいのること。いのる儀礼《ぎれい》。

エンカマの大ダコ

海の中にある、大きな岩のほら穴《あな》みたいなところを、おらたちはエンカマってよんでおった。神恵内《かもえない》の海には、このエンカマとよぶところがいくつもあったなあ。だからエンカマがあるから近寄《よ》るな、あぶないところには近寄るなと、おらあ小さいころから聞かされて育《そだ》ったんだ。がきども(子ども)の遊びの中から、そういうことを教えられて、でっかくなったんだぞ。

むかし、神威岬《かむいみさき》は船の難所《なんしょ》でな、おなご(女の人)がのった船は通れなかったのだと。

どうして船がしずんだのかというとだな、漁《りょう》師《し》たちはみな、そりゃ、大ダコのしわざだといっておった。

むかし、チョンゴロウという漁師がおったと。

ある日、チョンゴロウはアワビとりに船にのって出かけたと。

そして、船いっぱいアワビをとって帰るとちゅう、とつぜん船もろとも見えなくなってしまったと。

海がしけてもいないのに(雨風で荒れてもいないのに)ふしぎだと、浜《はま》の人たちは話していたと。だが、そりゃ大ダコがひっぱりこんだという話だぞ。

そりゃどうしてかというと、ういている船を何ものかが海底《かいてい》にひっぱりこんでしまったのだと。そりゃ何かというとだな、大ダコのやろ(やつ)が、こったら大きた(こんなに大きい)エボ(イボ)で、べったりくっつけて、船をビーイと海の底《そこ》にひっぱりこんでしまったと。

船だけはぽこーんとうかんだども、本人のやつはもうはあ、死体はあがらんで見えなくなったと。

それでなんだて、ずいぶん大さわぎしてさがしたども、とうとう見つからなかったと。

そしたら、あとから何日もたってからはあ、すーっかり白骨《はっこつ》になって、エンカマの外に出てあったと。タコというやつはなあ、ものをかかえてしまうと、すっかりしゃぶるだけしゃぶるもんだぞ、あいつは。

神威岬を通る船の海難《かいなん》は、岬のつけ根のエンカマにいる大ダコのしわざだという言い伝《つた》えだと。

おらの子どものころは、あの辺《へん》の漁師《りょうし》たちはみなそれを信じておったぞ。

エンカマの大ダコが岬《みさき》を通る船《ふね》を、海底《かいてい》にひっぱりこむのだとなあ。

おそろしい話だったぞ。

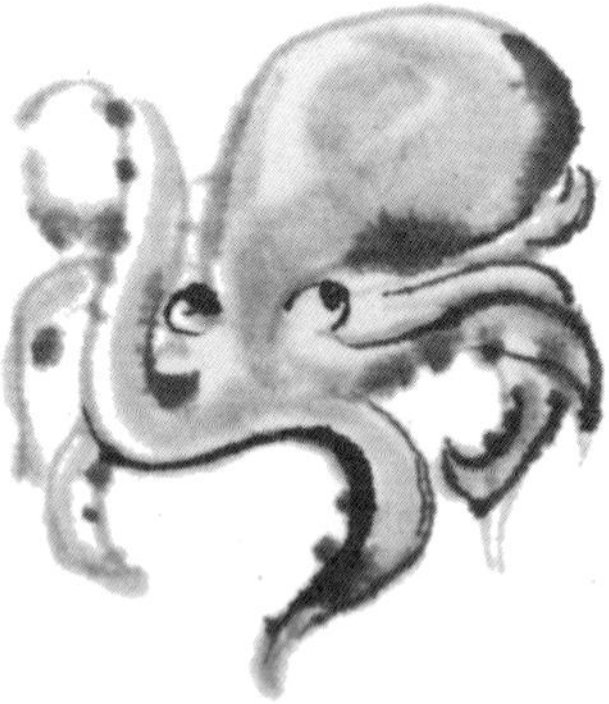

山内鉄男伝　文・大西　泰久

ばけものとチョウザメのかくとう

むかしむかしの大むかし、今の、神居古潭《かむいこたん》は、石狩川《いしかりがわ》の河口《かこう》であったんだと。

そしたら、ある日、日本海《にほんかい》を泳いでいた大きな大きなさかなが二ひき、何を思ったのか、この神居古潭の河口に、ゆっくりゆっくり入ってきたんだと。

そのさかなのかっこうったらまあ、鼻から口にかけてはな、まるで、カラスの口ばしみたいに長く、するどく突《つ》き出てるんだとー。そしてな、このさかなのうろこったら、すごくかたくてな、その形がまた、一枚《まい》、一枚、チョウチョのはねみたいなんだと。

そこでな、このさかなをを見つけた村のものたちは、このさかなにチョウザメという名まえをつけたんだと。

頭のかっこつきが、サメにばちょっと似《に》てたこのチョウザメはな、川の水の静《しず》かなきれいな所で、子どもば産《う》みたかったんだべものな。

村のものは、チョウチョがいっぱいとまっているみたいなふしぎなさかなは、きっと川の神《かみ》様《さま》か、水の神様にちがいないと思ったんだなあ。そして、シャメカムイ、シャメカムイ、と呼《よ》んで尊敬《そんけい》するようにばなったんだと。

ところで、この神居古潭《かむいこたん》のおくにな、鬼《おに》みたいな化《ば》け物《もの》が住んでいてな、山ばどしどしかけめぐって、村のもんがたいせつにしてるものを、かってにとったり、つぶしたりしてしまうんだと。やっつけたいんだども、なんせ相手《あいて》は鬼みていな化け物だもんで、ちょっと手出しができなかったんだと。

ある日、この化け物が急にあばれだし、クマでもシカでも人間でも、手あたりしだい、ふみ殺《ころ》したり、にぎりつぶしたり、そりゃもう、神居古潭の生き物はもう、この世の終わりかと思ったと。

化け物は、川にもザブザブ入ったもんで、そんとき、ちょうどねていたチョウザメをふんづけたんだと。

チョウザメは目ばさまして、化《ば》け物《もの》に、

「あやまれ。」

っていったと。

化け物は、あやまるはずがねえもんな。それでな、大かくとうになったと。

なんせふたりとも大ものだべ。ドシンとぶつかると、あっちの山がくずれるべし、バシッと尾《お》っぽがぶつかれば、こっちのがけがくずれるべし、んだもんで、川は、はあ、そのがけの切れっぱしや山のかけらでいっぱいになって、海さ、わんさと流れていったと。

大かくとうは、二日たっても三日たってもまだ勝負《しょうぶ》がつかないもんで、その間じゅう、がけがくずされ、山がくずされ、かたまりになって、どんどこどんどこ、海さ流れたんだと。

ところがな、流された山のかけらがよ、波で、また岸さよってくるべ。んだもんで、古潭《こたん》の河口《かこう》はよ、次から次へとよってきた、このがけのかけらだの、山のかけらだので、いっぱいになってしまってな、ずーっと、見わたすかぎり平《たい》らになっちまったんだと。これが、石狩平野《いしかりへいや》なんだと。

したからな、今みたいに神居古潭《かむいこたん》が、ずーっと海からはなれてしまったんだとぉ。

文・坪谷　京子

スズメとキツツキ

むかしむかし、けものや鳥がこの世《よ》にきたころ、みんな同じお母《かあ》さん神《がみ》をもっていたのですよ。ある日のこと、鳥の女たちが集まって、顔にいれずみ※をしたり、おけしょうをしたりしながら、おしゃべりをしていました。スズメもそのなかまでした。ちょうど、スズメが口ばしのまわりにいれずみを始めたとき、神様のお使いがやってきました。

「たいへんな知らせだよ。おまえたちのお母さんが病気で、なくなりそうだ。死ぬ前にもう一度、娘《むすめ》たちに会いたいと、しきりに言って

いるよ。」

と言ったので、おおぜいの小鳥たちはびっくりして、われ先にと飛《と》び出していきました。スズメは、おけしょうしかけの顔では、と思いましたが、

「いやいや、おけしょうはいつでもできる。みっともなくてもいいから、お母さんの死にめにお会いしよう。」

と、急いで飛びたちました。そのときあわてて、いれずみの黒水を頭にかぶってしまいました。

今にも死にそうなお母《かあ》さんはスズメの姿《すがた》を見て、

「おまえはほんとうに親孝行者《おやこうこうもの》だね。これから先は、いつまでもおいしい穀物《こくもつ》ばかり食べられて、しあわせになるようにしてあげよう。」

と言って死んでいきました。

それからというものは、スズメは、口ばしが食べよごしたようになり、からだじゅうにきたない水をぶっかけたような姿になりましたが、お母さんのことばどおり、いつも穀物ばかり食べるようになったのです。

ところで、このとき、おしゃれ好《ず》きなキツツキは、

「お母さんが死んだってかまいやしないわ。わたしがだれよりも美しくなるほうがいいわ。」

と、おけしょうを念入《ねんい》りにしてから出かけましたので、お母さんの死にめに会えませんでした。

これを見た神様は、

「おまえはほんとうに心がけのよくない不孝者《ふこうもの》だ。きょうからはくさった木を突《つ》っついて、虫けらばかり食べているがいい。」

と言って、ばつをあたえました。

それで、キツツキは今でもコツコツと木を突っついて、虫を食べているのです。

文・蒲田　順一

注　※いれずみ＝肌《はだ》を傷《きず》つけて色を直接《ちょくせつ》つける方法で、絵や模様《もよう》などを体に描《えが》き飾《かざ》ること。アイヌの人が顔や腕《うで》に絵模様などを描き飾ることがあった。

ヒバリと天の神様《かみさま》

むかしむかし、ヒバリは天の神様《かみさま》のお使い役で、高い天の上にすんでいました。

ある日のこと、天の神様は人間の国へたよりを出すため、ヒバリにいいつけました。

「用がすんだら、すぐ帰ってくるのだ。忘《わす》れてはいけないよ。」

「はい、わかりました。」

と、ヒバリは出かけましたが、人間の世界についてみると、なんとも美しい。あちらこちらに気をひかれて飛《と》びまわっているうちに、日が暮《く》れてしまいました。

「用事もすませたのだから、一晩《ひとばん》だけとまっていこう。」

と、かってな理由をつけて地上にとまることにしました。ヒバリが帰ってくるのを、今か今かと待っていた神様は、一日じゅう待ちぼうけをくって、かんかんです。

次の日、ヒバリは朝日がさっと照《て》らしだす気持ちのよい朝をむかえました。

「もっと楽しみたいけれど、急いで帰ろう。」

と、地上から飛びたちました。いきおいよく中《なか》の天《てん》あたりまであがると、天の神様の姿《すがた》が見え、天の神様もヒバリを見つけました。

「悪いやつめ、わたしの言いつけを守らぬものは、もう天に帰ることはない。きょうかぎり地上にすむがよい。おまえはこれから中の天より高く飛べないことにする。」

と言いわたしたのです。

それを聞いたヒバリはおもしろくありません。

「天の神様、それはあんまりです。あなたのつくった地上の世界があまり美しいので、見とれてしまって帰れなかったのです。たったそれだけのことで、そんなにおしかりになるのはひどすぎます。わたしは天に帰ります。」

と口答えをして、羽《は》ばたきしました。が、どうしたものか、そこからはどうしても高くあがれません。だんだんつかれると、すーっと地上に落ちてしまいます。また元気を出して、

「神様ーっ、天に帰してくださーい。」

と、腹《はら》たてながら飛《と》びあがり、そしては落ちを、くりかえすようになりました。

「ピーチク、ピーック、………。」

ヒバリのことをアイヌ語で「チャランケ・チカップ」（談判《だんぱん》※する鳥）というのは、こんなわけがあるからです。

文・蒲田　順一

注　※談判＝自分の要求《ようきゅう》を通すために相手と話し合うこと。

むかしむかしのふしぎな話

たとえば、とてつもなく大きな木
たとえば、何かの形に見える岩
たとえば、森のおくにひっそりと眠《ねむ》る沼《ぬま》
たとえば、きせきてきにたすかった話

……

そんな自然やできごとを見たり聞いたりすると、なんだかとてもおごそかな、不思議《ふしぎ》な、あるいは、おそろしい気分になったことはありませんか。きっと昔の人も、同じような気持ちをもったにちがいありません。

日本では、昔から、山にも、川にも、動物にも、植物にも、ありとあらゆるもの（道具や家も）に神様が宿っているという考えがなされていました。自然をうやまいながら、自然と仲良《なか》くつきあっていく方法だったのかもしれません。

ここにも日本のほかの地方にも伝わっているむかし話と話のすじや登場人物が同じようなお話と、アイヌの人たちに伝えられたお話があります。

雪《ゆき》地《じ》蔵《ぞう》

むかしの話です。

その日は強い風がふいていましたが、雪は降《ふ》っていませんでした。

もうじき春がくるころでしたので、お天気のよい日が続《つづ》くと積《つ》もっていた雪が少しずつとけて、それが夜になると、きりりとしばれる《(こおる)》のです。とけたりしばれたり、しばれたりとけたり、そんなことがくりかえされると、原野《げんや》の雪もかたくなって、道を歩いていくよりも、畑の中をななめによこ切って歩いてもぬかるようなことがありませんから、村人たちはみんな近道をしようと、かってきままに畑の中に道をつけて歩いていたのです。

仙吉《せんきち》もその日の用が終わって帰ることになりました。

冬の日は、日暮《ひぐ》れ時《どき》がすぐにきます。午後三時をすぎますと、もう日が暮《く》れてくるのです。

仙吉は急いで近道を通り、原野《げんや》をななめによこ切って帰ることにしました。

およそ半分ほど来たころから、急に西のほうから雪が降《ふ》ってくるのがわかりました。

そして、前よりも風が強くなってきますと、一ぺんにふぶきになってしまいました。

ふぶきはだんだんとひどくなり、先が見えないほどのすさまじさであれてきました。

仙吉はときどきたちどまると、たぶん自分の家のほうだろうと見当《けんとう》をつけて、そのほうにまっすぐに歩いていきました。

だいぶ歩いたのだからもう家の近くまできたはずなのに、どうもようすがへんだ。どこかちがった所を歩いているような気がしたのです。

いっしょうけんめいに歩いていきましたが、先が見えないものですから、しだいしだいに風におされて、まがって歩いていったのです。

しかし、仙吉には、まがったようにはは思われません。仙吉は、

「おかしいなあ。おかしいなあ。」

と思いながら、ふぶきの中を先へ先へと歩いていきました。

そのうちに、だれか自分の前を歩いていく人かげが、ふぶきの中にときどき、うすぼんやりと見えるのです。

「あの人も同じほうに行くが、だれだろう。どうも見たような気がする後ろ姿《すがた》だけれど。はて、だれかしら。」

と思い、いっしょにつれだっていこうと、足を速《はや》めてその人に追いつこうとしましたが、なかなか追いつけません。

仙吉が走るように急ぐと、その人も急ぎます。ゆっくりと歩くと、その人もゆっくり歩くようにみえるのです。

「おうい、おうい。待っておくれ。いっしょに行こう。」

と声をかけますが、ふぶきのためか聞こえないようでした。

「ふしぎだ。だれだろう。だれかしら。」

と思いながら、後を追うようにして歩いているうちに、家の近くの地蔵《じぞう》さんをおまつりしてある、ほこらのそばの大きな木が、ふぶきのなかでゴウゴウとうなりをたててゆれうごいているのが見える所まで来ますと、今までたしかに前を歩いていた人の姿《すがた》が見えません。まわりを見ても人かげはありません。

「あれ、前を歩いていた人はどこへいったのかしら。このふぶきの中でたおれたのだろうか。」

と、仙吉《せんきち》は心配《しんぱい》して立ちどまり、右の方、左の方とふぶきの中をすかして見ましたが見えません。後ろの方かしらと、ふりかえってよく見ましたが、やはり見あたりません。

雪は、風といっしょにまい上がると、うずをまいてふっとんでいきます。

「おーい、おーい。だれかいないかー。」

「おーい、おーい。前を歩いていた人はどこだあー。」

と呼《よ》んでも、ただ、ゴウゴウとふぶきの中にゆれ動いている大木のうなりだけしか聞こえません。

ふしぎなこともあるものだと思いながら、真《ま》っ白《しろ》になって、やっとわが家《や》に着きました。

家の者は、大《おお》ふぶきになったので心配していましたが、仙吉が帰ってきたので、みんなが安心しました。

そして、仙吉がとちゅうで見た人の話を聞いて、それは仙吉の家でおまつりしている、辻《つじ》の

お地蔵さんではないだろうかということになりました。

それではと、仙吉をはじめ、家族《かぞく》がみんなでお地蔵さんのところにいってみますと、この大ふぶきの中を、だれかが、お地蔵さんのところへ歩いていったあとがついているのです。

仙吉がほこらのとびらをあけると、いつもの場所に、真っ白に、雪だらけになったお地蔵さんが笑《わら》っています。

「ああ、さっきの人だ。あの後ろ姿の人は、お地蔵さんだったのだ。お地蔵さんが道案内《みちあんない》をしてくれたのだ。ありがたいことだ。お地蔵さんが道案内をしてくださったので、わたしはぶじに帰ってくることができました。」

と、仙吉はお礼《れい》をいいました。みんなもあらためて、お地蔵さんにお礼をいいました。

それからは、このお地蔵さんを、雪地蔵《ゆきじぞう》というようになったといいます。

文・伊東　博

早玉《はやたま》さま

むかしの話です。

それは、夕方ごろから強い浜風《はまかぜ》が吹《ふ》きだした、五月の末《すえ》のある晩《ばん》のことでした。

「こんな晩こそ、火の元《もと》に気をつけなくては。」という祖母《そぼ》のことばに、家じゅうの見まわりを念入《ねんい》りにすまして、ねむりにつきました。

風の音におびえながら、とろとろとねむりにはいったとたん、耳が破《やぶ》れるかと思うような、戸をたたく音に起《お》こされました。

「たいへんです。たいへんです。火事です。」

「土蔵《どぞう》が火をかぶっています。早く来てください。」

「それはたいへんだ。」

と、とび起きて、手早く身じたくをして、かけつけてみますと、いちばん右はしの蔵《くら》のそばの家が夜空に火柱をたててもえ、雨のような火の粉《こ》とともに、火のついた木切れが、ボーン、ボーンと蔵の屋根《やね》にとびちっています。

「早く蔵をからめえー（戸を閉《と》じること）。中に人をしめこむ（閉じこめる）なあっ。」

祖父《そふ》の声に、えいえい声で、土戸《つちど》を閉《し》める者、みそだるからみそを出して、戸のすき間にぬる者、だれもが、けむりと火の粉にむせながら、必死《ひっし》の働《はたら》きでした。そのうちに、

「蔵に火がうつるぞうっ。」

「一番蔵が、あぶないっ。」

というさけび声があがりました。

みると、蔵の屋根に、ふきとんだ大きな火の粉やもえ木が、野鞘《のざや》（蔵の外かべを、雨や雪でよごれないように守る板）や止木《とめぎ》（野鞘がはずれないように止めてある木）にころがりこみ、そのあたりを、チョロ、チョロ赤い舌《した》がなめはじめたと思ううちに、浜風にあおられ、どっともえあがり、一番蔵の三方の野鞘はいっせいに火をふきはじめました。

「野鞘をおとせ。屋根に上がって、つきくずせ。」

祖父の必死《ひっし》のさけびで、はしごが二丁《ちょう》、三丁、一番蔵にかけられましたが、この火の粉と火の勢《いきお》いでは、顔をむけてのぼれません。

「一番蔵《いちばんぐら》は、落ちる。」

だれもが、そう思いました。

もしも一番蔵に火が入れば、その火の熱《ねつ》で、二番蔵も、三番蔵ももえあがることでしょう。その結果《けっか》、全財産《ぜんざいさん》を失《うしな》うことになるのです。

さすがの祖父《そふ》も、

「もうこれで、我《わ》が家《や》も終わりだ。」

と、ほのおの夜空をあおいで、覚悟《かくご》をきめたそうです。

その時です。一番蔵と二番蔵の間から、一つの人かげが、するするっと屋根《やね》にはいあがりました。

茶色《ちゃいろ》の布《ぬの》で頭をつつみ、長柄《ながえ》のとび口※をかいこんで、きらきらかがやくひとみで、三方からあがる火の手をきっと見すえたかと思うと、蔵のむねを一気にとんで走り、東のむねはしにかけよったと思うと、がっとばかりに、燃《も》えている野鞘《のざや》に、とび口をつき立てました。

「あぶないっ。」

「あぶないっ。」

ガラガラッと音をたててくずれおちる野鞘、そのたびにまいあがる火の粉《こ》、ゴーッとふきあげる浜風《はまかぜ》と火の手。プスプスともえあがる服の火をはらい落とし、たたきけしながら、一番蔵の屋根むねを、とび越《こ》え、とびちがい、かけまわって野鞘をつき落とすその働《はたら》きは、とても人間わざとも思われませんでした。

これにはげまされて、今まではしごの下でひるんでいた人たちも、ようやく屋根にとりつき、力をあわせて、火をふく野鞘のかき落としにかかりました。

こうして一番蔵から二番蔵、二番蔵から三番蔵と、あぶないところを火の手から守りとおしてほっと一息《ひといき》ついたときは、夜もようやく明けて、はげしかった浜風も、朝《あさ》なぎ※の時《じ》こくとなっていました。

「蔵が、町が大火になるのをくいとめてくれたんだ。」

「それにしても、よくまあ防《ふせ》げたなあ。」

焼《や》けのこった蔵《くら》の前で、すすとけむりによごれた人々が、ねぎらいの酒をくみかわし、口々

にこういいながら、あのめざましい働《はたら》きをした人をさがしましたが、どうしたことか、この中からは、ついに見つけることができませんでした。

「それにしても、あの人の働きがなかったなら、たいへんなことになるところだった。」

「よくよく、お礼を申《もう》しあげなくては。」

と、祖父《そふ》は、手伝《てつだ》っていただいた家を、一けん一けんまわってお礼をのべながら、あの人のことをたずねましたが、だれも、

「さあー。」

と、首をかしげるばかりでした。

つかれはてて帰ってきた祖父は、昨夜《さくや》からのさわぎで、毎朝の、早玉稲荷様《はやたまいなりさま》のお参《まい》りをまだしていないことに気がつきました。さっそくお米とお水を盆《ぼん》にのせ、屋しきのすみの小さなお社《やしろ》の前に行き、とびらをひらいてみて驚《おどろ》きました。

けむりと火の粉《こ》で、真《ま》っ黒《くろ》にこげたご神体《しんたい》が、きらきら光る瞳《ひとみ》で、一番蔵のむねを、じいっとにらんでおられたとのことです。

故簗瀬イシ伝　文・簗瀬　秀司

注　※とび口＝柄《え》の先に、トビのくちばしのような鉄のかぎをつけた、ものをひっかける道具。消防《しょうぼう》や材木《ざいもく》の運搬《うんぱん》に使う。

※朝なぎ＝海岸地方で、朝のひととき風がやむこと。陸風《りくかぜ》から海風にかわるさかいめにあたる。

赤沼《あかぬま》の竜神《りゅうじん》さま

むかしむかし、一人《ひとり》の若《わか》い尼《あま》（女のお坊さん）さんが、ふらふらになりながら、この赤川《あかがわ》村をたずねてきたんだと。そして、

「このあたりに、赤い水の色をした沼《ぬま》がないでしょうか？」

と言うんだと。

聞かれたおかみさんはびっくりしてしまってのう、

「あんれまあ、そんなら、赤沼《あかぬま》のことだべさ。この後ろの山さ登っていけば、その赤い水の沼があるけんどさ……。いったいおまえさんはどこから来なさったのかね？　どうしてまた、あったらに《（あんな）》山おくの赤沼《あかぬま》ばなんて知ってなさるのかねえ。」

と聞いたと。すると尼《あま》さんはとたんに、

「あーあ、ありがたやありがたや、赤沼はやっぱりここでしたか。」

と言って、そこへぺたりとすわってしまったと。

おかみさんはびっくりして、尼さんを自分の家さ連《つ》れていって休ましてやったんだと。

この尼さんは上方《かみがた》（大阪《おおさか》・京都《きょうと》方面）の人でな、わけがあって信仰《しんこう》の世界に入ったんだと。

そして願《がん》かけばして、その満願《まんがん》の日に《（日数を決めて神仏に願いごとをして、その期間が終わる日に）》、

「えぞ地の函館《はこだて》の北の方に、赤沼という沼がある。そこへ行って祈願《きがん》をこめよ《（いのり、願え）》。」

って、夢《ゆめ》のおつげがあったんだと。

それを聞いたおかみさんはもうびっくりの三度めでな、

「はいはい、たしかにあの沼は不思議《ふしぎ》な沼でしてのう、沼の主《ぬし》は、竜《りゅう》だというものもおれば、大蛇《だいじゃ》だというものもおるんですわ。うちの死んだじっさまが見たのは、竜だということでしたがな。うちのじっさまは若《わか》いころから何やら病気もちでしてな、えらく苦《くる》しんだ人でしたわ。目をわずらって《（目の病気になって）》からは、何やら信仰ばしてる《（神様や仏様を信じている）》ようでしたども、それが、だんだん見えんようになって、それでの、じつは、あの沼で死のうと思ったんだと。そして、わしにだまって、あの沼へ出かけていったら、冷《つめ》たい風が、ザワーッと吹《ふ》いてきて、何やらぞうっと寒気《さむけ》

がしてきたんだと。そしたらな、ジャワジャワジャワジャワジャワと水の音がして、あの沼の中から、すごいおそろしげな顔ばした竜があらわれたんだと。じっさまはとたんにくらくらっと目まいがして池のそばにたおれてしまったんだと。……しばらくたって、だれか、頭に水ばかけてくれてるような気がして、ふと目を開いたんだと。でもな、だれもいなかったと。そして、不思議《ふしぎ》なことに、この日から、じっさまの目がよく見えるようになり、おかげさまで、死ぬまで元気で働《はたら》いておりましたがな。じっさまは、赤沼《あかぬま》の竜神《りゅうじん》さまのおかげだ、おかげだ、といって、手を合わせておりましたがな。」

おかみさんの話を聞いた尼さんは、またまた涙《なみだ》を流して喜《よろこ》んだと。

「あーありがたやありがたや。たしかにわたしが夢に見た赤沼にちがいありません。ありがたやありがたや。」

尼さんはおかみさんに礼《れい》をいうて、教《おし》えられた道を赤沼の方へ登《のぼ》っていったと。

間もなく沼に着いた尼さんはな、その水の色といい、あたりのようすといい、あまりにもお

つげどおりなのにびっくりしたと。そして、竜《りゅう》神《じん》さまにお会いしたいと、沼《ぬま》のはしにすわって、祈《き》願《がん》をこめたと。

やがて月も落ちたころにな、シャブシャブシャブシャブと沼の水がゆれだして、さざなみがたってな、それといっしょに、ゴロゴロゴロゴロゴロと、まるで遠くでなるかみなりの音みたいな音が、沼の中から聞こえてきたんだと。して、その音が、だんだんだんだん近くなったと思ったら、沼の水がぱっと二つにわれてな、尼《あま》さんの目の前に、ものすごくおそろしげな顔をした大きな竜《りゅう》が、ぐいーっと、あらわれたんだと。

あまりのおそろしさに、尼さんは思わず後ろにひっくり返ったと。尼さんはひっくりかえりながらもいったと。

「あーありがたい。やっぱり竜神さまでございましたか。ありがとうございます。ありがとうございます。でも竜神さま、そのお姿《すがた》では、あまりにおそろしゅうございます。できますれば、今一度、もうちょっと、おやさしいお姿でお目にかからせていただけませんでしょうか。もう一度、もう一度、お会いしとうございます。お願《ねが》いいたします。お願いいたします……。」

尼さんはまた一心に祈《いの》ったと。

竜神さまは、この尼さんのいっしょうけんめいな心に打たれたのか、今度は、ピシャパシャピシャパシャと、やさしく水を打つ音がして、ふたたび沼の水がわれてな、そこからまあ、こんどは、美しゅうて、こうごうしゅうて（とうとく、おごそかな感じがして）、おやさしい姿のお姫《ひめ》さまがあらわれたんだと。

尼さんはどんなにうれしかったことか——。

それからはな、病気で困《こま》った人たちが、この沼をたずねてくるようになったんだがな、不思《ふし》議《ぎ》なことに、その人たちの投げたオサンゴー、「オサンゴ」ってのはな、白い紙に、米やお金をつつんでひねったものなんだども、このオサンゴを沼に投げ入れるとな、すぐにすうっとしずんで見えなくなるものと、ういたまんま、なかなかしずまんものとあるんでの。そこで、すうっと気持ちよくしずんだもんは、竜神さまが、その願いを聞きとどけてくれた、というてな、みなさんよろこびなさるんだとぉ。

文・坪谷　京子

坊《ぼう》さんとタヌキ

むかし、ひとりの坊《ぼう》さんが、山道にさしかかりました。もう秋の日《ひ》は暮《く》れて、足もとが暗《くら》くなりました。

「さて今夜は、どこへとまろうかな。」

と、宿《やど》を案《あん》じながら、山道を登《のぼ》っていきますと、かたわらに、古いお堂《どう》がありました。

戸のすき間からのぞくと、正面には仏様《ほとけさま》が、その前には香炉《こうろ》やろうそくたてがおかれてありました。

「これはありがたい。雨露《あめつゆ》がしのげる。」

と、坊さんはかさをぬぎ、脚半《きゃはん》（すねにまく布《ぬの》）

をはずし、わらじのひもをといて、からだのほこりをはらってお堂に入りました。

中は八じょうほどの広さで、古くてぼろぼろになっていますが、たたみまでしかれてありました。

そこで坊さんは、ろうそくに火をともし、仏前《ぶつぜん》にすわって手をあわせ、夜のおつとめのお経《きょう》をあげました。

おつとめを終えると、坊さんはお堂のすみのほうにすわって、首にかけた袋《ふくろ》の中から、お経をよんで家々をまわった時いただいた食べ物をとりだし、静《しず》かに味わいながら、夕食をすませました。

食後のここちよさで、しばらくうとうととうたたねをし、はっと気がついた時は、もう外はすっかり暗くなっていました。

「そうだ。衣《ころも》のほころびをつくろっておかなくては。」

と、起き上がった坊さんは、つつみの中から、はりと糸をとり出し、火をたよりに、衣の破《やぶ》れをぬいはじめました。

ほころびをぬい終わったので、糸玉をつくり、歯《は》で糸をきって、糸のついたはりを、目の前のたたみにプスッとつきさしました。すると、正面の仏様が、さもいたそうに、ぴくりと目をつぶって、またひらきました。

「あれ、変《へん》だな。気のせいかな。」

と思いながら、つぎの破《やぶ》れをぬいはじめ、さてぬい終わって、糸をきってはりをたたみにつきさしますと、仏様《ほとけさま》が、さっきと同じように、ぴくりと目を閉《と》じました。そればかりでなく火までいっしょに、すーっと暗《くら》くなって、またたきました。

さあ、ふしぎでたまりません。こんどは、仏様の顔を見つめながら、たたみにはりをつきたてますと、仏様は、ぴくっと目をつぶり、それといっしょに、火がすーっと、またたきました。

「これはおもしろいことになったぞ。」

と、坊《ぼう》さんはそこら一面、プスッ、プスッ、プスッ、プスッと、はりをつきたてました。

すると、それといっしょに、仏様は、ぴくっ、ぴくっ、ぴくっ、ぴくっと目をつぶり、火は、すーっ、ぴかり、すーっ、ぴかりと、ついたり、きえたりをくりかえしました。

「よし。どうなるか、やってみよう。」
と、坊さんはお堂《どう》のたたみの上に、はりをプス、プス、プス、プスとつきたて、かけまわりさした。すると、
「ギャーッ。」
と、けもののようなさけびこえがきこえ、火はふっときえて、まっ暗やみとなり、あとは、しーんとして、なんの物音も聞こえなくなりました。

どのくらいたったのでしょうか。冷《つめ》たさに、ふと気がついてみると、お堂の中でねたはずなのに、草原《くさはら》の中にいるのです。夜はしらじらとあけかかり、草にも、衣《ころも》にも、露《つゆ》がしっとりとかかっていました。

そして、昨夜《さくや》とまったはずのお堂はあとかたもなく消え、坊さんのそばには大きな古ダヌキが一ぴき、下腹《したはら》一面を血だらけにして死んでいました。

故簗瀬イシ伝　文・簗瀬　秀司

白鳥《はくちょう》のかざり玉

あるとき、天をおおっていた大きな布《ぬの》がほころびて大きな穴《あな》があいてしまったのです。（ギリヤーク※の人々は大空は一つの布でおおわれていると考えていたのですね。）

毎日、毎日、その穴から強い風がふきこむのです。（今でいう台風《たいふう》なのでしょう。）

一人《ひとり》の若者《わかもの》がその風の穴をふさごうと思いたち、家を出ました。何日歩いたのでしょう。ようやく、その穴までたどりついたのです。そのそばに一けんの家がありました。そこには、とても年をとったおばあさんが、一人で住んでおりました。

　風のふきこむ穴をよく見ますと、その穴から、白鳥《はくちょう》が自由《じゆう》に出入りしているのですが、穴が開いたり、閉《と》じたりしているので、はさまれて、死ぬ白鳥もときおりいます。その死んだ白鳥を料理《りょうり》して、おばあさんはくらしていたのでした。若者も、その白鳥料理をごちそうになり、一晩《ひとばん》とめてもらうことになりました。

　つぎの日、若者は、なんとかして風の穴をふさごうとがんばったのですが、どうにもふさぐことができません。とうとうあきらめて、家へ帰ることにしました。

　ふと、風の穴のふちを見ますと、おどろいたことに、そこには、耳輪《みみわ》に使うかざり玉がたくさんついていたのです。

　男は、おみやげに、このかざり玉をもって帰ろうと思い、いそいで袋《ふくろ》をつくり、その中につめるだけつめると、いそいで家へ向かったのでした。しかし男は、帰るとちゅうに、玉をいくつも落としながらきたことに気がつかなかったのです。

　家へ帰って、袋をあけてみると、玉はもう少ししか残《のこ》っていません。

さらに、びっくりしたことには、妻《つま》は、もうすっかりおばあさんになってしまっていたことです。

男が自分の顔をかがみにうつしてみると、頭の毛に白いものがたくさんふえて、黒と白とが同じくらいになってしまっていたということです。

ギリヤークの民話より　　文・永田　元久

注

※ギリヤーク＝シベリアのアムール川近くに住む民族。むかし、オホーツク海沿岸《えんがん》に移《うつ》り住んでいた。

※白鳥は、冬になるとシベリアから北海道へ渡《わた》ってきます。そして、冬の間北海道ですごした白鳥は春が近づくと、また北へ群《む》れになって飛びさります。ギリヤークの人びとにとって白鳥は「時」を告げる鳥だったのです。また、玉はとってもだいじな宝《たから》ものだったのです。白鳥も玉も、時間（年月）の過ぎていくことを示しています。

オタストゥン　ニシパ　の物語

わたしはオタスッ村※に住む若者《わかもの》で、たった一人で暮《く》らしていました。山や川に狩《か》りに出かけては、食べものをとって来ました。

ある日のこと、一人の若い女が、何かおこったようすで泣きながらやって来て、なぜかわたしと一緒《いっしょ》に暮らしはじめることになりました。しばらくは、わたしの向かい側《がわ》に横になっていましたが、そのうちその若い女は起き上がって、食事を作り、わたしに食べさせてくれるようになりました。そうして二人で暮らすことになりました。

ある日、その若《わか》い女は、

「あなたは一人暮《ぐ》らしだから、わたしが炊事《すいじ》してあなたに食べさせてあげようと思って来たのです。わたしはあなたの妻《つま》になりましょう。」

と言いました。

そんなわけで、その若い女と共《とも》に寝起《ねお》きして、暮らすようになり、子どもを一人授《さず》かりました。その子がもう乳《ちち》を飲まなくてもいい年《とし》ごろになったとき、またもう一人子どもを授かって、わたしは二人の父親となりました。

わたしは、川へ行っては魚をとり、山へ行ってはクマやシカをとりました。獲物《えもの》を背負《せお》って帰って来ると、妻は出迎《でむか》えてはわたしをねぎらってくれました。そうして、わたしたちは仲良《なかよ》く毎日毎日を過《す》ごしていたのです。

そんなある日、妻は火をじっと見つめながら考え込《こ》んだあげくに、こう言いました。

「実は、わたしは人間ではなく、天の国から降《お》りてきたカッコウの鳥の神なのです。あなたが一人さびしく暮らしているのを見てあわれに思い、人間の女に姿《すがた》を変えてやって来て、こうして二人の子をもうけたのです。でも、もう天に戻《もど》らねばならなくなりました。子どもを一人あなたに残《のこ》して行きますので、大事に育ててくださいね。」

妻はこう言いながら火の神へおじぎをすると、女の子を一人連《つ》れて外へ出て行きました。二人はヌサ(祭《さい》だん)のところへ行って、何かふしぎなおまじないをすると、人間からカッコウの

姿に変わり、次々と飛《と》んで行ってしまいました。後に残されたわたしは驚《おどろ》きましたが、

「わたしの妻は、人間の女ではなくて、神様であったのか。」

と思い、飛んで行った方を拝《おが》んで、何度も頭を下げました。

しかし、あまりのことだったので、わたしは二〜三日体の具合が悪くて床《とこ》にふせっていました。やがて気を取り直し、後に残された男の子に食べるものがなくてはと起き上がって、川岸へ降《お》りては魚をとり、山へ行ってはクマやシカをとる生活に戻《もど》っていきました。こうして日々暮《く》らしているのだと、オタストゥン　ニシパが自分のことを語りました。

「昭和五十九年度アイヌ民俗文化財調査報告書」より

岡本　ユミ伝　　採話、訳・佐藤　知己　　再話・鈴木　文夫

注　※オタスッ村＝アイヌのむかし話に出てくる地名。各地のむかし話の中の主人公の出身地《しゅっしんち》がこの名で呼ばれる。

キツネとクマの話

北海道にやってきた人々と動物がまだ身近に交流していた時代がありました。そこからいろいろなお話が生まれました。ここでは、キツネとクマが登場します。

キツネが人をだます話は多く、笑《わら》い話のようなものもたくさんあります。キツネは、人をだまそうとしてだましているのではなく、ちょっとからかったり、いやなことをされたしかえしだったり、ちえをしぼってこらしめてやろうとしているようです。このようなお話を通して、やってはいけないことを教えているようです。

クマは、おそろしい動物、こわい動物と思われています。北海道がひらけてくるにつれてクマに出会うことも多くなり、いろいろなお話ができました。知恵《ちえ》をしぼって生活をしていた昔のようすがお話から伝わってきます。

榎本武揚《えのもとたけあき》をだました白ギツネ

むかしむかし、この江差《えさし》にはな、キツネがいっぱいいいたもんだ。

でもな、そのキツネの中で、いちばん有名なキツネが、ほれ、笹山《ささやま》のてっぺんに、おいなりさんがあるだろう、あそこのおいなりさんにまつられている白ギツネでな、このキツネには、いろんな話があるんだ。

いちばんおかしな話はな、榎本武揚《えのもとたけあき》※がこの白ギツネにだまされたちゅう話だな。

何せ、武揚はその時「開陽丸《かいようまる》」という、できたてのほやほやの軍艦《ぐんかん》に乗って北海道《ほっかいどう》へやってきたんだ。しかもこの軍艦《ぐんかん》、オランダで造《つく》らせた軍艦でな、四百人も乗《の》れる船で、三本マスト、大砲《たいほう》も二十六門《もん》ちゅうから、ものすごい軍艦だったんだな。もちろん、武揚《たけあき》じまんの軍艦さ。これさえありゃ、箱館《はこだて》(今の函館)戦争《せんそう》はもう、勝つにきまってる。武揚は自信まんまんでな、江差《えさし》の沖《おき》さやってきたんだ。

なんでも、海からは榎本武揚《えのもとたけあき》、陸《りく》の方からは土方《ひじかた》という大将《たいしょう》が来ることになっていたんだと。ところが、榎本のほうが先に江差へ着いたらしいもんで、どんなあんばいだべ、と思ってな、まず、ドカーン、ドカーンと、二、三発、笹山《ささやま》の方さ向けてぶっぱなしたんだと。

それでな、この白ギツネは腹《はら》たてて、この開陽丸《かいようまる》ば難波《なんぱ》させたっちゅう、もっぱらの話だで――。

キツネだってよ、笹山のおいなりさんと言われてな、江差の人たちに、あぶらげあげてもらってさ。んだからな、この開陽丸がちんぼつしたちゅう話ばきいたとたんに、おれもぜったいに、この白ギツネだと思ったんだ。それによ、それば、はっきりと見たもんもいるしな、あとから、軍艦の乗組員《のりくみいん》に聞いたもんもいるんだ。それはな、開陽丸が江差の沖さ、ていはくしたその晩《ばん》のことだ。夕方から、風が強くなって、雪も降《ふ》りだしてきたんだな。武揚は、

「こりゃ困《こま》った。もう少し港の中のほうさ船ば動かしたい。」

そう思ってな、水先案内人《みずさきあんないにん》ば呼《よ》んで、そのとおり軍艦ば進ませたんだと。したら、あっというまに、岩さぶっつかって、わらわらっときたんだな。

榎本武揚はかんかんにおこって、その水先案内人ば呼びつけ、甲板《かんぱん》の上でぶったぎろうとしたらな、その男、ひらりと身をかわして、海の中さ、ドボンと飛《と》びこんだと。して、あれっ、と思ってる間にな、かもめ島のはしっこの岩の上で、まるで、「アカンベ」でもしてるよなかっこうばして、開陽丸のほうば見てたんだと。

そんなかっこうばしてる白ギツネをな、浜《はま》にいてよ、ほんとに見たってものも何人かいたということだ。

文・坪谷　京子

注　※榎本武揚《えのもとたけあき》＝江戸《えど》時代から明治《めいじ》時代にかけての政治家《せいじか》。幕末《ばくまつ》に新政府軍《しんせいふぐん》に抵抗《ていこう》して、軍艦開陽丸で江戸から出港《しゅっこう》し、北海道《ほっかいどう》に着く。その後箱館五稜郭《ごりょうかく》にたてこもり「箱館戦争」となった。

キツネの丸《まる》太《た》

そのころの岩見沢《いわみざわ》のトネベツの丘《おか》は、まだまだむかしのままのようすで、何千年何百年もたった原始林《げんしりん》で、太い大きな木がしげっていました。その原始林もしだいしだいに開拓《かいたく》されてきました。

今まで、けものや、鳥たちのすみ家になっていた森の木は切りたおされ、クマザサも焼《や》きはらわれ、一《ひと》かかえも二《ふた》かかえもあるような大きな木の根もほり起こされて畑になっていきました。

森いちばんのナラの大木がありました。この木には、大きなうろ※があって、キツネの一家が先祖《せんぞ》代々《だいだい》住んでいました。そのナラの大木も、とうとう切りたおされてしまったのです。

そのために、そのキツネのすみ家がなくなってしまいました。

切りたおされたキツネのすみ家だった大木は、あまり大きかったので、いくつかに切られ、根元《ねもと》のうろのあるほうだけが、教育大学前《きょういくだいがく》の、明治池《めいじいけ》寄《よ》りの小高い道路わきにどんと置《お》かれ、いつか道ゆく村人たちのひと休みする場所になっていました。

しかし、その木をすみ家としていたキツネは、ときどき、森から出てきて、もとの自分のすみ家だったその木に休むことがありました。キツネはそんな時、その木を切りたおした村人をうらみました。また、今まで自分のすみ家だった木に休む村人や、旅《たび》の人をにくらしく思いました。

ある時、まちの医者《いしゃ》が往診《おうしん》の帰り、馬に乗って通りかかりました。その時、キツネは、そのうろの中で休んでいました。あまり急なことでしたので、キツネは山に帰るひまがありません。いそいで木のうろの中に入って小さくなっていました。

この小高い所からは、西五丁目の道路がついていませんので、まちに入るには、神社《じんじゃ》の方へ向かって、野球場《やきゅうじょう》のひくい畑まで下り、ポントネ川をわたって、もう一度坂を登り、神社の前に出てからまちに入るのでした。

もうすっかり日は暮《く》れていましたが、医者は、

「ここまでくればもう家についたも同じことだ。どれひと休みしていこうか。」

と、馬から下《お》りて、この丸太《まるた》にこしをかけて休みました。

ひと休みした医者《いしゃ》は、一服《いっぷく》すると、また馬に乗って帰っていきました。

キツネは、その時ちょっといたずらをしました。

馬は、今来た道の方に走り、坂を下り、また、明治池《めいじいけ》を通りすぎ、登りきったところから左にまわり、ホテルの近くを右にまわって、またもとの場所に出てきました。

「どうして道をまちがえたのだろう。これはなんとしたことだ。」

と、医者はびっくりしました。

いそいで馬をかえすと、また走っていきました。

ところが、馬は、もとの道を走っていきました。そして、ぐるぐると森をひとまわりして、また明治池の坂を登り、最初の場所にもどってきました。

「あれー。またさっきひと休みした所でないか。どうして何度も同じ所にもどってくるのだろう。ゆめでもみているのだろうか。」

医者はどうしても家に帰れないのです。

時間はどんどんたっていきました。

とうとう、馬のくらからクジラの骨《ほね》でつっていた小田原提灯《おだわらちょうちん》のひもきえてしまいました。

医者は、ほとほと困《こま》りはてて明治池の水門番人《すいもんばんにん》の家を起《お》こしました。

「じいさん、じいさん。起きておくれ。」

じいさんはびっくりして起きてきました。

「おや、先生どうされただ。さっきから馬を走らしていなさったのは先生さまかね。」

「じいさん。どうしても家に帰れないのだ。さっきから馬を走らせているが、どうしても同じ所に出てくるんだ。」

「それじゃあ、キツネにいたずらされたのだろう。タロウー、タロウー、出てこい。一つほ

えろ。」

というと、後ろから犬が出てきて、ひと声大きく、

「ワン、ワン。」

と、ほえました。

「さあ、先生。キツネも森に帰ったろう。わしがついてゆくで、いっしょに病院に帰りましょう。タロウよ、ついてこい。」

といい、そこからじいさんの案内《あんない》で、神社《じんじゃ》の前を通って病院に帰ることができました。

その後もときどき、夕方おそくこの丸太《まるた》にこしをかけて休む人は、行き先がわからなくなるので、いつごろからか村人たちは、「キツネの丸太《まるた》」とよんで、この丸太にはこしをかけて休まなくなりました。

そのかわり、小さな丸太をその前に置《お》いて、その小さな丸太のほうに休むようになりました。そして、犬をつれていけばだいじょうぶ、だまされることはないといわれていました。

また、お供《そな》え物《もの》をしてから休むとよいともいわれており、よく供え物が供えてあったものでした。

文・伊東　博

注　※うろ＝内ががらがらになっているところ。

キツネのよめいり

夜もだいぶふけてからです。

「ほら、キツネのよめいりだ！」

窓《まど》から外をみていたおばばがこうさけびました。

「あらっ……。」

わたしはどきっとしたまま次の声がでませんでした。遠く、手稲《ていね》の山だか、藻岩《もいわ》の山だか、今思い出してもはっきりしませんが、窓の外にしげっている木々の間から見える山はだに、ぼーっとあかりがついたかと思うと、そのあかりは点々とひとすじの光の帯《おび》になるのです。

「ほら、おまえたちに話して聞かせたことがあったろう。これがキツネのよめいりのあかりなんだ……。」

おばばも、いささか興奮《こうふん》ぎみに、わたしを窓ぎわにおしやりながら、じっとそれを見ていました。

「……」

ごくっと生つばをのみこんだきり、わたしは自分の目をなんべんも疑《うたが》ってみました。ほんとうに、あの山のふもとでキツネがよめいりしているのだろうか。不思議《ふしぎ》なあかりは、ちょろちょろとまだ燃《も》え続《つづ》けています。まるでキツネのしっぽを、お祝《いわ》いのため、うちふりうちふりしているようです。ときどきちらちらするのは、大きなニレの木かトドマツのみきのあいだから、そのしっぽにともしたあかりが見えかくれするのかもしれません。

「あっ！」

わたしは思わず声を出しました。右側《がわ》からずうっとのびてきていたあかりの帯《おび》が、こんどは左側から、すーっとひとつひとつ消えていくのです。

わたしはおばばの手をにぎりしめました。おばばもだまってわたしの手をにぎっていました。あかりは山はだから、ひとつひとつ消えてしまい、あとはまた物音《ものおと》ひとつしない暗《くら》やみになりました。

あれがほんとうにキツネのよめいりだったのだろうか。今はもうわたしにキツネのよめいりの話をしてくれるおばばもいません。そしてわたしももう、こんな歳《とし》になりました。でも、あのあかりのことは忘《わす》れられないのです。ときどき孫《まご》にも話してきかせるのですが、あれからふたたび見ることはありません。

「伏古川物語」より

再話・大槻　富雄

おもちのほしかったキツネ

わたしが子どものころは、札幌《さっぽろ》もいなかの町でね、あっちこっちに林ややぶがあって、人をだますキツネなんかも出たんだよ。

町はずれのほうに、もち屋のおばあさんがまごと二人《ふたり》で住んでいたんだけど、そのおばあさんもキツネにだまされてね。

それは、雪もすっかり消えて、ぽかぽかとあったかい日だった。おばあさんは、今日もおもちのはいったおり《（おりばこ）》をリヤカー※に乗せて、

「てんかーまわりもちー。」

と、いい声でふれながら町へ売りにいったのさ。

おもちは、つきたてのおもちの中に、あんこがたっぷりはいった羽二重《はぶたえ》もち※で、見たらだれでも食べたくなったものだよ。

その日もおもちはよく売れて、おしまいに三こだけ残《のこ》ったのさ。

「もう、このおもちは売らないで帰ろう。うちでおとなしくるす番をしているまごに食べさせよう。」

おばあさんは、軽《かる》くなったリヤカーを引きながら、夕ぐれの町を急いで帰っていったのさ。

ようやく、うちから一町《ちょう》（約《やく》百メートル）ばかり手前の、三国屋《みくにや》というざっか屋さんの角《かど》まで来たので、

「うちはもうすぐだ。早く帰って帰ってまごを喜《よろこ》ばせよう。」

と思って、ずんずん歩いていくと、なんだか頭がぼんやりして、うちがわからなくなってね、気がついてみたら、また、三国屋さんの角に来ていたんだよ。

「わしはどうしたんだろ。今度こそはまちがいないでうちに帰ろう。」

そう思って歩きだすと、またわけがわからなくなって、気がついてみたら三国屋さんの角に来ているのさ。

おばあさんは立ちどまってしばらく考えた。そして、はっと気がついたんだね。

「ははあ、これはキツネだな。もちが残っているもんだから、これがほしくてわしをだましているんだな。………よし、よし。」

おばあさんは、おりの中からおもちを一つ取り出してね、後ろを見ないようにして、

「ほら。」

といって、肩《かた》ごしに投げてやったのさ。

そしたら、ふしぎなことに、目がさめたような気持ちになってね、こんどはまちがわないでぶじにうちへ着《つ》くことができたんだよ。

そして、まごと二人《ふたり》で、おもちを一つずつ食べたんだとさ。

文・栃内　和男

注　※リヤカー＝荷物《にもつ》を運ぶために自転車の後ろにつける二輪車。人の力で引いて運ぶこともある。
※羽二重《はぶたえ》もち＝純白《じゅんぱく》で肌《はだ》ざわりのよい絹織物《きぬおりもの》のように、なめらかについてつくったやわらかいもち。

大人《おとな》はキツネにだまされる

むかしはなあ、どこの家でも、おも家《や》と便所《べんじょ》がはなれて、べつべつにたっていたもんだ。便所がはなれているのは、くさくなくていいどもな、夜、げたはいて、外へ出て、ぽつんとたってる便所へ行くのが、おっかなくておっかなくて。そこで、ついつい、しょんべんをじーっとこらえる。そのうち、とうとうこらえかねて、ふとんの上にやってしもうてな、朝、おっかあに、まきであたまやけっつ《（おしり）》をぶんなぐられたもんだ。

この便所へ行った帰りにな、みんなよっくキツネにだまされて、とんでもねえほうさ連《つ》れていかれるんだ。

かどのじっちゃはだまされやすくて、まああ人さわがせばしたもんだ。

ともかくな、朝起きたら、じっちゃがいねんだと。家のもんはびっくりするべな。近所聞いてもいねっし《(いないし)》。そこで手わけしてあっちこっちさがしたら、なんとはあ、着物《きもの》ばすっかりぬいでしまって、ふんどしいっちょうになって、草の上ばはいずりまわっていたんだと。

「何してんだ、じっちゃー。」

って言ったら、

「ほらほら、おっきた《(大きな)》ノミがはねてるべー。」

って言うんだと。

霜《しも》くるようになってからでも一ぺん、こやしつぼ※さ入って、ふんどしで顔ば洗《あら》って、

「いい湯《ゆ》っこだでばー。」

って、鼻歌《はなうた》ば歌ってたことがあったと。こやしつぼだば、たしかにあったけえかも知んねえな。あれ、はっこうばしてるべもの。

別家《べっけ》のおどちゃ《(おとうさん)》も一回あったんだと。サルガニ《(ザリガニ)》ばいっぱいとって、石の上さならべて、ぺこぺこ頭ば下げているすけ《(いるから)》、

「どうしたんだ。」

ってどなったらば、道に迷《まよ》って困《こま》っていたら、キツネが、助けてやるからサルガニとってこい

って言ったたって。
子どもがだまされたたって話ばあんまり聞かねども、キツネってもんは、大人《おとな》ばだまかすほうがおもしれえだべもんな。

文・坪谷　京子

注　※こやしつぼ＝こえだめ。肥料《ひりょう》にするふん尿《にょう》をためておくところ。

キツネにつままれた話

忘《わす》れもしない、わたしが八つぐらいの小さいときのことだ。だから、もう、六十年もむかしのことになる。けど、ついきのうのことのような気がする。

わたしは、紋別《もんべつ》の近くの滝《たき》ノ下《した》というところの農家《のうか》に生まれた。

あるとき、滝《たき》ノ上《うえ》の町で草競馬《くさけいば》がひらかれることになった。町は、近郷近在《きんごうきんざい》の見物客で、それはもう、にぎやかなものだった。

わたしも、となりのウタと晴《は》れ着《ぎ》を着て、わくわくしながら見物に出かけた。ウタは、わたしと十歳《さい》ぐらいはなれていたろうか、とってもほがらかで、気の強い人だったとおぼえている。

わたしたちは、いろんな出店《でみせ》をまわったり、もうそれはそれは楽しくて、時のたつのも忘れてしもうて《(しまって)》遊んでおった。

ふと気がつくと、まわりはもう、うす暗くなっていた。

「さあ、どうすべえ。」

ということになった。だって、帰るとなると、三里《り》（約《やく》十二キロメートル）の昼間でもうす暗い山道を、ふたりっきりで歩かなくちゃならない。来るときは、村の人たちと大ぜいで、にぎやかに話しながら来たのだが、ほかの人たちは、知りあいのところにとまったり、早くに帰ったりで、今ごろ帰る人は、あまりいない。

わたしの知りあいの人も、しきりととめるが、ウタは、もう、言いだしたらきかない。とうとう、みんなの反対《はんたい》をおしきり、ふたりだけで帰ることになった。

ガッパげた（女の子用のげたで、中をくりぬいてあるポックリのようなもの）のわたしは、ブラちょうちんを下げたウタのもう一方の手にぶらさがるようにして出発した。

ところが、半みち（半分のきょり）もこないうちに、まわりはすっかり暗くなってしもうた。

山道に入ったが、ふしぎなことに雨がふったあとのように道のところどころが水たまりになっている。その水たまりをさけるようにして、わきを通りながら歩いた。ところが、わきの草が「サワ、サワ、サワ……」とときどきなる。まあ、まあ、こわかったなあ。

そのうち、ふと、わたしたちの耳に、後ろのほうから、

「そらいけ、そらいけ、馬が来たぞ。」

「パカ、パカ、パカ、パカ。」

という声と、馬のひづめの音がする。どうして、わたしたちを追いこさないのだべ。こんなしめった道で、よくあんなに馬の足音がひびくものだなどと考えながら、走るようにして歩き続《つづ》けた。ときどき、思い出したように、ブラちょうちんで、声のするほうをてらしてみるのだが、すぐ後ろにいるはずの馬のすがたがない。

それでも、ようやく、小沢《おざわ》というところまでたどりついた。そこには、片岡《かたおか》さん一家がすんでいた。そこで、わたしたちは、一息《ひといき》つくことができた。

青ざめたわたしたちの顔色を見ながら、片岡さんは、

「なんもなかったかい。」

と聞く。どう受け答えしたか、今は覚《おぼ》えていないが、とうとう、そこにもとまらず、気じょうぶなウタは、あと半分ほどになった夜道を思いきって帰ることにした。

小沢からは、山道が急カーブになっている。とうとう、わたしたちは、はきものもどこへやら、タビはだしになって走りだした。とちゅう、沢《さわ》があって、小さな橋がかかっている。その橋のたもとで、ろうそくをつけなおすことになった。

わたしは、ウタの手をぎっしりとにぎりしめ、ふるえながらうずくまっていたが、ふと、水

にうつる光に気がついた。ろうそくの光にならんで、右に左にぽつぽつとうかんでいる。

ふたりとも、口には出さなかったが、「火の玉」とわかった。ウタは、すぐに、わたしをひきずるようにして歩きだした。その「火の玉」は、わたしたちに前後して、峠《とうげ》の上までついてきたような気がする。というのは、そのころには、わたしは、体力もなくなっていたのだろう、ねむくてぼんやりしていた。

ときどき、しかるように、

「トヨ、ほれ、ほれ、もうすこしだ。しっかりしろ、ほれ、ほれ、家が見える。」

という、ウタの声がする。みると、ほんとうに、もやがかかったように、ぼんやりと家々が見える。思わず、そっちへ行こうとすると、すうと消えてしまった。こんな暗いなかで、見えるわけはないのだ。すると、

「そらいけ、そらいけ、馬がきたぞ。よけろ、よけろ。」
という声が聞こえてきた。

そうこうしているうちに、ようやく家にたどりついた。午後の十一時ごろだったということだ。

ウタは家に入るなり、柱にしがみついたまま、うわごとのように何かを口ばしり、しゃがみこんでしもうた。

そのようすを見たわたしの祖父《そふ》が、すぐに「キツネばらい」をした。そのとたん、「キャンキャン」という鳴き声といっしょに、なにかが窓《まど》から外へ飛《と》びだしたということだ。

そのあとのことは、つかれてしまって、すぐにねむりこけてしまったわたしにはおぼえはないが、ウタは、それから一週間もとこについたきり、動けなかったということだ。

あとから聞いた話だが、わたしがいぬどしだったために、キツネは、ウタのちょうちんを消すことができないで、わたしたちは、ようよう(ようやく)のことで帰ることができたのだということだ。

もしも、いぬどしのわたしがそばにいなかったら、ウタはどうなったかわからない。

キツネが人を化《ば》かすということをわたしは信じるね。

鳴海トヨ伝　文・永田　元久

サケをかつぐクマ

ある日、おじいさんは、町へ米を買いに行きました。その帰り道です。米を背《せ》なかにしょって、藤古川《ふじこ》(伏古川)のそばまで来て、

「あとすこしで、うちが見えてくるな。」

と、ひと休みしました。

そのときです。藤古川のむこう岸でガサガサと音がしたのです。はっと息をこらして、よく見ると、大きなクマではありませんか。しかも、藤古川からサケをとって、今もどっていくところなのです。おじいさんは、がたがたふるえながらも、じっと見ていました。クマは、クマザ

サに、大きなサケを一ぴきつっさして、かた手で背《せ》なかにかつぎ、むこう岸の土手《どて》にはい上がっていくのです。

クマはおじいさんに気づかなかったのか、やがて、土手のむこうにいってしまいました。おじいさんはクマが見えなくなるのを待って、命《いのち》からがらにげ帰ってきました。そして、

「クマがサケをササでかつぐというのは、うそじゃと思っていたが、ありゃあ、ほんとうじゃ。」

と、いつまでも話しておりました。

「伏古川物語」より
再話・大槻　富雄

クマの胆《い》

クマの胆《い》(胆のう)は、人の胃《い》にいい薬《くすり》じゃ。これは、クマの皮よりもねうちがある。クマの胆について、こんなおかしな話がある。

クマにおそわれた時は、地べたにねころんで、死んだふりをすればいいと聞かされていた百姓《ひゃくしょう》、あるとき山道で、親子づれのクマに出会う。これはとばかり、百姓、地べたにねころんでいると、母グマは、のっそりと近づいてきて、顔をのぞきこみ、

「はて、これは、死んだふりをしているのじゃな。」

という。百姓《ひゃくしょう》、低《ひく》い声で、

「死んだ。死んだ。」

という。母グマは、

「うんうん、うなっているのは、生きているしょうこじゃ。どれ、食ってやろう。」

百姓あわてて、

「うんうん、うなるのは、胃《い》がいたいのじゃ。」

という。

母グマ、それを聞き、はっと身を引き、にげごしになり、

「やっぱり、これは死んでるわい。」

といいながら、小声で子グマにささやいた。

「うっかり死人に近よるでないぞ。ちかごろ、死んだふりして、クマの胆《い》をねろう(ねらう)やつがおるで。」

と。

文・大槻　富雄

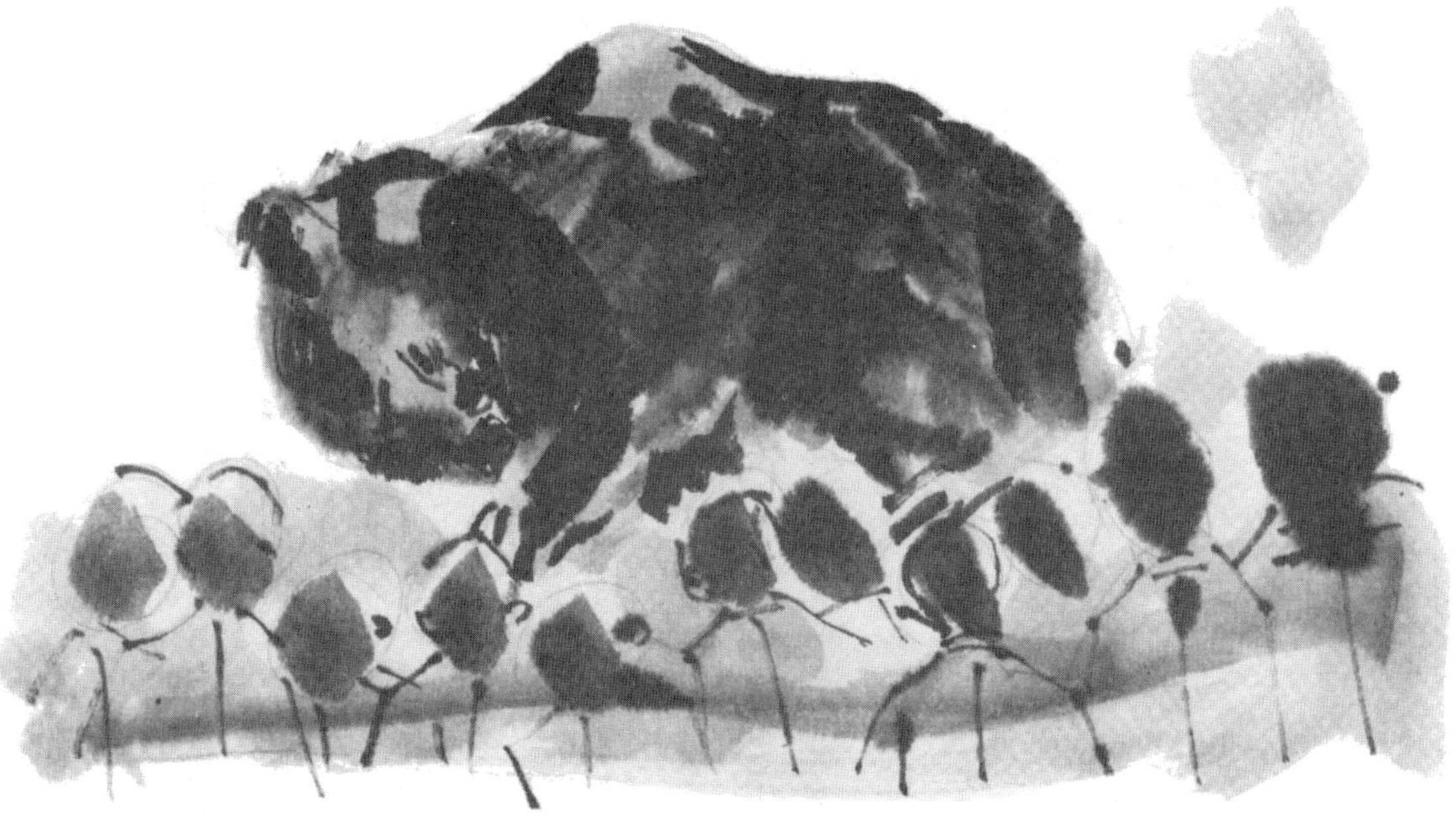

さらしものになったクマ

クマはたくさんいましたね。なにしろクマがもともとすんでいた土地に人がやってきたんですから、出会うのがあたりまえです。早くここに来た人で、こわい目に会わなかった人はいないでしょうよ。

茂八《もはち》という猟師《りょうし》がおりました。前に琴似《ことに》の方でクマと取っ組んでようやく逃《に》げてきたこともあったほどのうできさでしたが、茂八の小屋に行ったとき、畳《たたみ》二、三枚《まい》分の大きさのから五、六尺《しゃく》（一尺は約《やく》三十センチメートル）ぐらいの大きさのクマの皮が九枚もあって、みな自分でとったということでした。その茂八《もはち》でさえとれないクマが一ぴきおりまして、それを猟師仲間《りょうしなかま》で「背《せ》だるみ」と申して札幌《さっぽろ》の主《ぬし》だと評判《ひょうばん》でした。たいていのクマの背筋《せすじ》はまっすぐなもので、背筋にこぶがあるように弓《ゆみ》なりになっているのは少ないんだそうです。

それで、ある晩《ばん》のことでした。わたしの小屋の回りをガサガサって歩くものがいるんです。その時分のことで、人間がうちに来るはずはない。これは話に聞いたクマだろうと思うと、いい気持ちじゃありませんでした。ただ茂八からかねがね聞いていたことを思い出しまして、クマが来たら火をどんどんたけば逃《に》げていくものだから、小屋にはけっして火をたやさぬようにということで、すぐに火をどんどんたきましたら、そのまま音はなくなりました。が、翌朝《よくあさ》外へ出てみましたら、大きなクマの足あとが小屋の回りにたくさんありました。その大きさは二《に》斗樽《とだる》(一斗は十八リットル)のふたよりよほど大きく、後ろ足も二尺はありましたろう。

こんな話のほかにも、川へ水くみに行ってクマとばったり出会って、腰《こし》がぬけそうになってもどってきた人はたくさんいたようです。ただ、シカとちがってあまり畑を荒すような悪さもしませんし、人をおそうようなこともありませんでした。

ところが、明治《めいじ》の初《はじ》めのことでした。丸山《まるやま》の火薬庫《かやくこ》のわきからすごいヤツが暴《あば》れだしまして、町じゅうはもちろん、近くの村でも大さわぎになりました。夜など恐《おそ》ろしくて外など歩けませんでした。

そのクマは丘珠村《おかだまむら》で炭焼《すみや》きをしていた夫婦《ふうふ》と赤んぼ一人《ひとり》の家をおそいまして、寝《ね》ていた父親を食い殺《ころ》し、赤んぼをかかえて逃《に》げようとした母親にもとびかかり、赤んぼは食ってしまい、母親の頭につめを立ててかみの毛もろとも頭の皮をはぎとりました。母親は、大けがをしたまま近くの家にかけこみましたので、大さわぎとなり、役所ではすてておかれず、鉄砲《てっぽう》の名人といわれた森《もり》さんという人をはじめ、屯田兵《とんでんへい》※の中から腕《うで》っぷしの強いのを二十人ほど選《えら》んで、クマたいじをさせました。

この人たちが、雪の上のクマの足あとをたどりたどり、あちらに追《お》い、こちらに走りして二日《ふつか》め、篠路《しのろ》村の林の中で昼寝《ひるね》していたこの悪《わる》グマを森さんがうちとめたのです。これを屯田兵たちが札幌《さっぽろ》の町までかついできて、警察《けいさつ》の前に、人を殺したクマがこうなった、ということをクマの横に書き記《しる》して、さらしものにいたしました。

しかし、これは変《へん》なやりかたじゃないでしょうか。人間どもがめずらしがって見たところで、これでこりて、クマに殺されないってことはないわけですし、人を食うとこうなるぞって、クマたちに見せしめにするためだったとしてもね、そのとき見にきたクマは一ぴきもいなかったのですからねえ。

深谷鉄三郎談　再話・蒲田　順一

注　※屯田兵《とんでんへい》＝開拓《かいたく》当時の北海道に警備《けいび》、開拓促進《そくしん》のために置かれた兵。

イモざしになったクマ

ある男が、山道を通っていて、とつぜんクマに出会い、死んだふりをするひまもなく、にげだしたが、そのクマは、どこまでもあとを追ってくる。その男は、そばにあった手ごろな木に登りはじめた。

ところが、そのクマも、その木に登りはじめたのである。ひょいと下を見ると、クマは、みきにつめをたて、鼻息《はないき》をあらくして登ってくる。驚《おどろ》いたその男は、なおも、上へ上へと枝《えだ》をよじ登っていく。少し上がって下を見ると、クマもやっぱり登ってくる。またひとえだ、またひとえだと、ついに木のてっぺんまで登りつめてしまった。が、クマもやっぱり登ってくる。

とうとうその男は、あっというまに、枝とともに、地上に落ちて、そのまま気をうしなってしまった。

しばらくして、われにかえったその男が、そっと目を開いてみると、すぐその前に、クマが、でんとこしをついたようなかっこうをして、こっちをにらんでいるのである。

こいつはいけないと、その男は、地面にふせたまま、死んだふりをしていた。しばらくして、何ごとも起こらないので、そっと目を開いてみると、クマはあいかわらず、もとのまま、身動きもしないで、じっとこっちをにらんでいる。あわてて男は目を閉《と》じた。

こうして何時間か過《す》ぎた。何度か目を開いてみたが、クマはもとのままである。

「どうしたのだろう? 少し動いてみようか。」

と、手を少し動かしてみたが、クマにはなんの変化《へんか》もない。足も少しずつ動かし、そっと立ってみたが、クマはそのままである。よくよくみると、なんと、そのクマは死んでいたのである。

その男が、地上に落ちるといっしょに、クマも木のてっぺんからドスーンと地上に落ちたのであった。が、運悪く、ちょうどそのま下に、するどくとがった焼《や》けぼっくいが立っていた。クマは、落ちる自分の重みで、その焼けぼっくいに、尻《しり》から頭の先まで、イモざしになってしまったのであった。

文・大槻　富雄

おどる大グマ

ずいぶんむかしの話。

丘《おか》の上で、子どもたちが何人も集まって、遊んでいた。と、そこに大グマが一頭《いっとう》、のっそりと現《あらわ》れた。

子どもたちは、

「クマだー。」

といって、いちもくさんににげだした。

にげながら、子どもの一人《ひとり》が、そこにぬぎすててあったげたを、追《お》ってくるクマをめがけて投げつけた。うまく命中《めいちゅう》したかどうかはわからない。しかし、子どもたちは、あっちへ、こっちへと、うまくにげのびていった。

「子どもたちがクマにおそわれた！」

この知らせを聞いて、ふもとの大人《おとな》たちが、何人も何人も、てっぽうをかかえて、丘《おか》をあざしてあがってきた。

と、驚《おどろ》いたことに、丘の上では、大きなクマが一頭、立ち上がったまま、両手をふりふり、おどりくるっているではないか。

「クマのおどりか？」

と、大人たちは、しばらく息をのんで見ていた。が、やがて、ズドーンと一発、そのクマを射《い》

とめてしまった。

近づいてよく見ると、なんと、その大グマの口の中には、げたがひとつ、がっちりとはまりこんでいた。

大グマは、前足でそれをとろうと、むちゅうになってあれくるっていたのだろう。

文・大槻　富雄

クマとにらめっこ

わたしたち明治《めいじ》のはじめに北海道にはいった農家《のうか》は、墓《はか》から向こうの道などは、昼でさえ女子どもは通れませんでした。ときどき男の人があのへんを通ったとき、墓石《はかいし》のむこう側《がわ》から、つめをかけて、にょっきり立ち上がって、あたりを見まわしているクマに出会い、あわててもどってきたというようなこともよくあったものです。

ある日、西の空に残《のこ》っていた夕焼《ゆうや》けも黒ずんだころ、二人《ふたり》の男が雁木《かりき》の方へ帰っていきました。

「クマ……。」

というなり、二人は、かたわらのくぼ地に身をふせました。わなわなと全身がふるえています。

「おまえ、見い！」

「おまえ、見い！」

一人《ひとり》が暗やみをすかして見ました。やっぱりクマです。しかも、おそろしく大きなそのクマは、じっとして動こうとしないのです。二人は動くこともできません。いつおそいかかってくるかわかりません。ひと晩《ばん》じゅう、がたがたふるえながらも、じっとにらみ合っていたのです。

やがて東の空がしらみかけてきました。

「おいっ、見い！」

一人がいいました。あたりの明るさが増《ま》すにつれて、その大グマは、なんと、根かぶを積《つ》んだかたまりに変《か》わっているのです。

「なんだ、クマではなかったのか。」

「んでも、よかった。」

二人は、ひと晩じゅう、やがてまきにされる根っこの山と、にらみ合っていたのです。

「ハハハハ……」

二人は顔を見合わせて笑《わら》ってしまいました。

しかし、そのころ、こんな話はよくあったのです。

「伏古川物語」より
再話・大槻　富雄

アイヌの話

北海道に昔からすんでいたアイヌの人たちは、自然《しぜん》を大切にしてくらしていました。山や海・川、木やけもの、鳥や魚など、身近にあるいろいろなものを神と考えていました。

アイヌの人たちは、自然の恵《めぐ》みの食料をもたらしてくれる神に感謝《かんしゃ》の気持ちを伝えるために、いろいろなお祭りを行ってきました。「子グマの魂《たましい》おくり（イヨマンテ）」も、そのなかの一つです。山で子グマを見つけると家に持ち帰り、一年ほど大切に育ててから、その魂を神の国へおくる儀式《ぎしき》を行っていました。

アイヌのむかし話は、主人公が自分で語る話し方がふつうです。舞台《ぶたい》が海だったり、川だったり、自然をとても大切に生活していたことがわかります。また、大自然を生きているようにとらえて語られているスケールの大きいお話やアイヌの英雄《えいゆう》が登場するお話もあります。そのようなお話から北海道を知るのも楽しいことだと思います。

ひとり歩きの子グマ

わたしたちは、夫婦《ふうふ》なかよく、なに不自由《ふじゆう》なく暮《く》らしておりました。

あるとき、主人《しゅじん》が、狩《か》りに出かけて、一頭《いっとう》の小さな子グマをとってきました。そのクマは、そばに母グマもおらず、ひとりで歩きまわっていたそうです。

わたしたちは、その子グマをほんとうにかわいがって育てました。

ところが、もう二年もたつというのに、子グマはすこしも大きくなりませんでした。どうしたことか、そのころから、子グマは、海の方にむかっては大声でさけび、山の方にむかっては遠《とお》ぼえをし、昼も夜もさけび続《つづ》けるのです。そのため、わたしも主人《しゅじん》もねむることもできません。どうして、そんな大声でさわぎたてるのか、さっぱりわかりません。神《かみ》さまにおいのりしてもききめはありませんでした。

こまってしまったある日、主人とわたしは、クマのおりのまわりを、うたいながらおどりました。そして、わたしのラウンクッ（お守りひも）をおりのまわりにくくりつけ、また、うたいおどりました。その後、わたしたちは、ねむってしまいました。

すると、ふしぎなことに、その夜の子グマは、とても静《しず》かなのでした。

夜明けに、おりに行ってみると、子グマは、骨《ほね》ばかりになって、わたしのラウンクッにぎっしりとまきつかれて死んでいるではありませんか。あまりのことにびっくりしましたが、どうしようもありません。それは、朝のとても早い時刻《じこく》のできごとでしたので、家に帰ってまたすこし横になりました。

すると、まくらもとに黒い着物《きもの》を着た人が来て、言いますのには、

「わたしは、山のはしに住んでいた者です。これまで、あなたがわたしを育ててくださったのです。山の上《かみ》の方に住んでいた者も、山の中ほどに住んでいた者も、人間のところへ客になって行くと、いつでも、めずらしいごちそうや酒などを背負《せお》って帰ってくるのです。※それが、うらやましくてたまりませんでした。そこで、なんとかして人間のところへ行き、いろいろなごちそうを食べ、人間をも殺《ころ》して食べたいと思いましたので、小さな子グマに化《ば》けて歩い

ていたのです。ところが、それをオタスッの人に見つかって、とらえられ、あなたに育てられました。そのうちに、ますます人間が食べたくなり、大声でさけび、ほえたのです。どうにかしておりから出て、人間を殺すことばかり考えて二年間もたってしまいました。今では、神さまのばちがあたり、神の国へ帰ることもできません。わたしが悪《わる》かったとこうかいしています。心からあやまります。これからはけっして、こんな悪いことはしませんから、神の国へ帰れるように、一本のイナゥ(お祈《いの》りのとき使う細木《ほそぎ》の道具《どうぐ》)を作ってくださいのっていい。」

と、夢《ゆめ》でつげたのでした。

それで、わたしたちは、イナゥを作り、神の国へと子グマをおくったのでした。

わたしたちは、もう少しで殺されるところでしたが、神さまのおかげで助かったのです。

「どんなことがあっても、山の中を、まったくひとりぼっちで、ゆうゆうと歩いている子グマを、育てるものではありませんよ。化《ば》け物《もの》が化けているのですから。」

とオタスッの人が自《みずか》ら物語りました。

浅井亨「アイヌの昔話」より
再話・永田　元久

注　※アイヌの人々は、狩《か》りの獲物《えもの》は、すべて神が客となっておとずれるものだと信じていました。熊祭《くままつ》りという行事は、地上から神の国へ熊を送る儀式《ぎしき》として、ごちそうや酒をおそなえして行われます。

クマとちえくらべ

川下の男と川上の男がとなり合って住んでいました。ある日、川下の男は川上の方へ出かけていきました。そして、木の船と土の船を作りあげ、なんの気なしにひとりごとを言いました。

「誰《だれ》か来ないかな。この船で競争《きょうそう》したいものだ。」

すると、不思議《ふしぎ》なことに、森の中も、まわりの地面も、ぱっといっときに暗くなり、大きなクマが出てきたのです。そして、

「よし、おれとやろう。」

と言うではありませんか。そこで川下の男は、自分は木の船に乗り、クマを土の船にのせて、

川を下り、海へ出て競争することになりました。

船をこぎながら、かれは、おそろしくておそろしくてたまらず、心の中で祈《いの》りました。

トイチㇱ　ぺーネ　土の船　とけろ
トイチㇱ　ぺーネ　土の船　とけろ

すると、クマの乗った船はとけて、クマは海の中へ落ちこんでしまいました。川下の男はやりをとってクマを突《つ》き殺《ころ》し、皮をはぎ、肉と頭をくくって、家に帰り、祭《さい》だんにささげ、ひと休みしていると、

ケーポ　ケーポ　ツ(tu)ーツ(tu)ー

と、うたいながら、川上の男の妻《つま》がやってきました。

川下の男の妻が、

「なんの用事でやってきたの？」

とたずねましたところ、

「だんなのいいつけで、コンブをさがしにきたのです。」

と、答えたので、コンブを少しあげて、

「下の者が、きょう、クマをとったので、見てくださるようにご主人につたえてください。」

と、川下の男の妻がことづけしました。

川上の男の妻は家へ帰って、このことを夫《おっと》に話しました。すると、川上の男は急におこりだ

したのです。

「なにを生意気《なまいき》な川下《かわしも》のやつめ！　おれをさしおいてクマをとるとはなにごとだ。やつなんぞ、くつにしろ、ズボンにしろ、食べ物にしろ、おれよりもずっと貧《まず》しいではないか。それなのにお客ごとなど、おれが先にやることではないか。おれを出しぬきやがって、にくい川下のやつめ！」

と、さんざんにののしって、クマを見にいかなかったのです。

そこで、川上《かわかみ》の男の妻《つま》だけが客としてよばれていって、たらふく肉を食べました。そして、その帰りに、川上の男へのおみやげの肉をひときれもらって、それを自分の着ていた魚の皮の着物《きもの》のすそにくるんで帰ってきました。帰り道、着物のすそがハマナシの木にひっかかりました。妻は、ハマナシの木も肉が食いたいのだなあと思い、肉をそこへおいて、何ももたずに家へ帰ったのです。

川上の男は、妻が帰ってくるなり、

「どれどれ、おれのおみやげは？」

と、さいそくしました。妻は、

「でも、おまえさんはさっき、お客によばれたのに、悪口《わるぐち》の言いたいほうだいで、行かなかったじゃないの。」

と言うと、男は、たいそう腹《はら》を立てたようすで、

「よし、明日《あす》だ、明日だ。明日は、きっとおれがクマをとってやるぞ！」

と言いました。

つぎの日、男は川上に出かけていって、木の船と土の船を作って、わざと大きな声で言いました。

「誰《だれ》か来ないかな。この船で競争《きょうそう》したいものだ。」

すると、前と同じように、森の中も大地もぱ

っと暗くなり、目の前に大きなクマが現《あらわ》れました。

いよいよ競争《きょうそう》するときになって、おろかにも川上《かわかみ》の男は土の船に乗《の》り、クマを木の船に乗せてしまったのです。

トイチシ　ペーネ　土の船　とけろ
トイチシ　ペーネ　土の船　とけろ

と祈《いの》ったので、自分の乗っている船がとけて海中に落ちこんでしまいました。川上の男はおどろき、むちゅうで泳いで陸《りく》に上がり、

ペントコ　ノエノエ（肩《かた》をふれふれ）
パントコ　ノエノエ（尻《しり》をふれふれ）

とさけびながら、にげだしました。どこまでもどこまでもクマが追ってくるので、もうむちゅうでにげまわりました。すると、行く手に、そりを作っているじいさんに出会いました。

「じいさん、じいさん、たいへんだ。早くにげろ！」

と言って、そのじいさんをにがし、じいさんのまねをして、そりを作っていますと、まもなくクマがやってきて、

「じいさんや、ここへ、男がにげてこなかったかい？」

「見なかったよ。」

と答えると、クマはそこで少しの間休んでから、もと来た道へともどっていきました。

そのすきに男は、
ペントコ　ノエノエ（肩をふれふれ）
パントコ　ノエノエ（尻をふれふれ）
とさけんでにげたので、クマはその声で気がつき、またまた追ってきたのです。どんどんにげていくと、行く手に、船を作っているじいさんに出会いました。
「じいさん、じいさん、たいへんだ。早くにげろ。」
と言って、そのじいさんをにがし、そのかわりに船を作っていると、そこへクマが来て、
「じいさん、ここへ男が来なかったかい？」
とたずねました。
「見なかったよ。」
と答えると、クマはそこで少し休んで、引きかえしていきました。川上の男は、そのすきに、
ペントコ　ノエノエ（肩をふれふれ）
パントコ　ノエノエ（尻をふれふれ）
とさけんでにげだしました。クマはその声に気がつき、またまたたいへんな勢《いきお》いで追ってきました。男はどんどんにげて、しかたなく、ドロノキの大木の根《ね》もとのほら穴《あな》の中にもぐりこんだのです。けれども、穴が小さくて、体が半分、そとにはみだし、クマに見つかってしまいました。クマは、男の足のほうからたたいたり、かんだりしました。そして、

「こら、まだ生きているか?」

ときいたところ、男は、

「まだ生きているぞ!」

と答えたということです。そこで、クマは、また、たたいたり、かんだりして、胸《むね》のほうまでつめがきたとき、

「どうだ、まだ生きているか?」

とききました。けれども、男はもう答える力もなく、ぐったりしていると、クマは男が死んだものと思って、立ち去《さ》りました。

男は、体じゅう血《ち》だらけになり、あし※くきをつえにして、よろよろしながら自分の家に帰っていったということです。

知里真志保「アイヌ文学」より

再話・永田　元久

注　※あし＝植物のあし。イネ科の多年草。

パナンペ・ペナンペ話

川下の男・川上の男

一　海の水を飲みほす

パナンペがいた。ペナンペがいた。

パナンペはまじめな働《はたら》き者で、やさしい心を持っていた。ペナンペはなまけ者、ひがみやで、意地《いじ》悪い男だった。なんとかパナンペをとっちめて、ツグナイ（悪かったとわびるしるしに品《しな》物《もの》をさし出すこと）を取り上げようとした。だが、何度からんでみても、そのたびにパナンペに言い負《ま》かされて、すごすご引きあげるのだった。

ある日、ペナンペは、

「今度こそパナンペをやっつけよう。」

と考えに考えた。ようやくうまい問題《もんだい》を思いついたので、パナンペを海辺《うみべ》に呼《よ》び出した。

「何か用かね、ペナンペ。」

「よく来てくれたな、パナンペ。実は、おまえにこの海の水を飲みほしてもらいたいのだよ。」

ペナンペは、パナンペのやつ今度こそは「それはかんべんしてくれ。」とあやまるだろうと、腹《はら》の中でほくそえんで言った。けれどもパナンペは少しも驚《おどろ》かず、にこにこして答えた。

「ああ、いいともペナンペ。海の水だけならすぐでも飲みほしてやろう。けれど、あそこの川からも向こうの川からも、川の水がたえまなく流れてくるのが困《こま》る。おまえが前もって川の水を全部せきとめて、一てきも海に流れこまないようにしておくれ。そうしたらおれも海の水をすっかり飲みほしてあげよう。」

これを聞いたペナンペは困《こま》ってしまった。

「そんなこと、おれにはできない。おまえに無理《むり》なことを言ってすまなかった。もう二度としないから許《ゆる》してくれ。」

と、パナンペにツグナイを出してあやまって、それから後は、心のよい人になったとさ。

知里真志保「アイヌの散文物語」より
再話・蒲田　順一

二　キツネがり

パナンペがいた。ペナンペがいた。

ある日、パナンペは腹《はら》がすいて、獲物《えもの》をさがしに川原《かわら》へおりていった。そして川原の石の上に死んだまねをして、長くねころんだ。

そこへ、ごそごそ林の中から現《あらわ》れたキツネども。

「パナンペが死んでるぞ。」

「かわいそうに、パナンペが死んだ。」

「このやわらかい肉して。どうして死んだ。かわいそうに。」

パナンペの頭やからだをゆすぶっては、キツネどもはなきまわった。死んだまねをしたパナンペは、さわがしいやら、くすぐったいやらで、おかしくてしかたがない。

しばらくがまんしていたが、からだの下にか

くしておいたサケたたきのこん棒《ぼう》をにぎり、はね起きて、

「何をっ。」

といって、キツネどもを打って打った。

十ぴきばかりのキツネがごろごろとたおれた。

大喜《おおよろこ》びのパナンペは、そのキツネどもを大きな荷物《にもつ》にして背負《せお》い、のめりそうなかっこうで家へ帰ってきた。

さっそく、皮をはいでみる。

なんとみごとな、キツネの肉だ。油のこい肉のかたまり。うまそうな肉だ。

それからというものは、大きな鍋《なべ》をかけて、赤肉や白肉を毎日おいしく食べ続《つづ》けていたパナンペだ。

そこへ、せきばらいしてペナンペがやってきた。

「エヘン、エヘン。おや？　おれと同じ貧乏《びんぼう》で、ろくな物も食っていなかったおまえが、どうしてこんなすばらしい肉にありついたのだ。」

と聞いた。パナンペはさっそく、

「さあ、はいれよ。こいつを食いながら教えてやるから。まあ、ざっとこういうわけだ。そのとおりやって、おまえももうけろよ。」

と言った。心がねじけてるペナンペは、

「ふん！　おれ様《さま》のしようと思ってたことを先まわりしてやったな。にくいパナンペ。悪いパナンペ！　おぼえてろ。」

と言って、戸口に小便《しょうべん》をかけてにげていった。パナンペはすっかりおこって、

「なんとでも言うがいいさ。するがいいさ。さぞうまくいくだろうよ。」

と言った。

それから、ペナンペはうまくキツネにありつこうと、川原《かわら》におりると、死んだまねをして、あお向けになった。

ごそごそ、ごそごそ、キツネどもはまた林から出てきた。ペナンペのまわりをとり囲《かこ》んだ。

「ペナンペ、死んでる。かわいそうに。」

「やわらかい肉して。かわいそうに、なぜ死んだ。」

と言いながら、わきの下やら首のあたりをかぎ回った。ペナンペはくすぐったいのをがまんしていた。

それでも、とうとうがまんができず、ほんの少し目を開けてのぞくと、かしらギツネに見つけられてしまった。

「一度あったことはこりごりだ。さがれ、さがれ、あぶないぞ。」

とさけんだので、キツネどもは後ろへ引いた。

「かわいそうなペナンペ。」

と、今度は遠まきにして回り歩いた。

「何。なんだって！」

ペナンペはさけび、とび起き、こん棒《ぼう》をふり上げて打とうとすると、キツネども、

「せんだって、おれたちの仲間《なかま》を殺《ころ》したにくい人間の肉。やわらかい肉。今度はおれたちが食ってやろう。かじってやろう。」

と言いながら、ペナンペにいっせいにとびかかり、ひっかいたり、かみついたりし始めた。

ペナンペはひどくおそろしくなり、大声で泣《な》きわめいて家へ帰ってきた。

からだじゅう血だらけのペナンペ、手足をばたばたさせて苦《くる》しがっていた。

そこへパナンペがやってきて、大笑《わら》いしながら言った。

「おやおやペナンペ、自分勝手《じぶんかって》をして、たいそうもうけたね。」

と。

パナンペはそれからも、やっぱりしあわせに暮《く》らしつづけた。

ペナンペは、自分の悪《わる》かったことをくやみながら、苦しんで、つまらない死に方をしてしまった。

「これからのペナンペよ、人の言うことにさからってはいけない。」

と、ペナンペが言った。

知里真志保「アイヌ民譚集」より
再話・蒲田　順一

三　金《こんかに》の犬と銀《しろかに》の犬

パナンペがいた。ペナンペがいた。

ある日、パナンペは川で魚をつっていた。

そこへ一羽《わ》のカラスがやってきて、

「もしもし、パナンペさん、わたしに魚を一ぴきくださいな。」

と言ったので、パナンペはつりあげた魚の中でいちばん大きなやつをつかんで、川の水できれいに砂《すな》を洗《あら》ってやった。カラスは礼《れい》を言い言い川上へ飛《と》び去《さ》った。

それからパナンペは、魚をとりながらだんだん川を上っていくと、一けんの草ぶきの家があった。ひと休みさせてもらおうと、戸口で、

「ウフン、ウフン。」

と軽《かる》くせきばらいをすると、内から、金《こんかに》と銀《しろかに》の二ひきの子犬がじゃれついてきた。それからすぐ、黒い着物《きもの》を着た若《わか》い女が出てきて、犬たちをおさえ、

「おや、先ほどはありがとうございました。おかげでうちの年寄《としよ》りが、喜《よろこ》んでいただきました。

どうぞおはいりください。」

と言って、ていねいにもてなした。

パナンペが帰ろうとすると、黒い着物の女が、

「お礼に、この二ひきのどちらかをおつれください。どちらにしますか。」

と言うので、パナンペは銀の犬をもらった。

「では、とちゅうでおなかがすきましたら、これを食べてください。銀には少し、あなたはたくさん。」

と、ウバユリだんごを木の葉に包《つつ》んでくれた。

それから、パナンペは子犬をつれて帰り道についた。しばらく行くと、子犬がくんくんなきだした。

「おお、おお、腹《はら》がすいたか。このだんごをお食べ。」

と、ウバユリだんごを一つやり、二つやりながら歩くうちに、パナンペが食べないうちになくなった。

その晩《ばん》、パナンペが寝《ね》ていると、真夜中《まよなか》ごろ、バラバラ、カチン、ジャランと強い音がした。

パナンペがカバの皮に火をつけて、すかして見ると、なんと金《こんかに》のおかね、銀《しろかに》のおかね、美しい玉がへや一ぱいに降《ふ》り積《つ》もっていた。戸口を出て見ると、あのかわいい銀の子犬の姿《すがた》はなく、そこには宝物《たからもの》が山になっていた。パナンペはこしがぬけるくらい喜《よろこ》んで、おかねや宝物をかき集めた。

次の日、

「エヘン、エヘン。」

とせきばらいしてやって来たペナンペ。

「おや、おれと同じ貧乏《びんぼう》なおまえが、どうしてそんなに宝物を手に入れた。」

「おう、おう、じつはこういうわけだ。おまえもこのとおりやってみろ。」

と、パナンペが話すのをろくに聞かないで、

「ふん、おれ様《さま》のしようと思っていたことを先まわりしてやったな。にくいパナンペ。悪いパナンペ。おぼえてろ！」

と言って、戸口に小便《しょうべん》をかけて出ていった。

それから、ペナンペはつりざおを持って川へ出かけた。

ペナンペが魚をつっているところへ、一羽《わ》のカラスがやってきて、

「もしもし、ペナンペさん、魚を一ぴきくださいな。」

と言ったので、つりあげた魚の中からいちばん小さなやつをつかんで、砂《すな》だらけのまま投げて

やった。カラスは礼を言って、川上の方へ飛《と》んでいった。

それからペナンペが川を上っていくと、一けんの草ぶきの家があったので、

「ウフン、ウフン。」

とせきばらいしてはいった。すると、黒い着物《きもの》を着た若《わか》い女が現《あらわ》れて、

「おや、先ほどはありがとうございました。どうぞおはいりください。」

と言うので、火にあたり、ごちそうになって、帰ろうとすると、金《こんかに》の子犬とウバユリだんごをみやげにくれた。ペナンペは、

「しめ、しめ。」

と大喜《おおよろこ》びした。帰るとちゅう、金の子犬はくんくんとしきりにないた。ペナンペは、

「そんなになくから腹《はら》がすくのだ。だまって歩け。」

としかりつけ、だんごはひとりで食べてしまった。犬がにげようとすると、

「お宝《たから》のもとがいなくなっては、たいへん。」

と、ひっぱがしてきたブドウづるでくくりつけ、いやがるのを引きずりながら帰ってきた。

その晩《ばん》、子犬を柱につないで、横になったペナンペはねむれない。今降《ふ》ってくるか、今降ってくるか、とペナンペはお金のことばかり思っていた。

夜中になって、バラバラッ、ボドン、ドシリッと音がしたので、ペナンペは大喜び。

「おお、降ってきた、きた、お宝《たから》だ。」

カバの皮に火をつけ、すかして見ると、どうもおかしい。さわってみると、ざらざら、ごつごつした砂《すな》と岩だらけ。煙出《けむだ》しから、窓《まど》から、しきりに降ってくる。

ペナンペは夜中じゅう、さらっては捨《す》て、とっては投げたが、きりがない。ついに夜が明け、村じゅうの人に知れわたり、誰《だれ》からもばかにされ、相手《あいて》にされなくなり、とうとうつまらない死に方をしてしまった。

文・蒲田　順一

川上の長者の息子《むすこ》と、川口の長者の娘《むすめ》の話

むかしむかし、川口の長者が和人《わじん》の親方と一緒《いっしょ》に、村人を使って漁をしていました。親方は気立てのよい人で平和に暮《く》らしていましたが、ある年、川口の長者が一人娘《むすめ》を残《のこ》して死んでしまいました。親方は川口の長者との約束《やくそく》もあり、残された娘を大変《たいへん》かわいそうに思ったので、よい着物を着せ、おいしいものを食べさせて、何一つ不自由のないようにしました。

ところが、村人の中の心のよくない者が娘をねたんで、

「その娘を追い出さなければ漁の仕事もしないし、あんたの首も保証《ほしょう》できない。」

とおどしたので、親方も恐《おそ》れて村人の言いなりになってしまいました。娘は家を追い出され、野原のはずれのかやで作った小屋に、ぼろぼろの着物を着せられて住まわされました。

さて、川上の長者の一人息子《むすこ》が娘がひどい仕打ちを受けていることを、耳にしました。もし本当ならば許《ゆる》しておけないと思い、親には、

「浜《はま》へ下って仕事をして魚をもらって来るから。」

と言って、船で浜《はま》へ下がりました。川口の村へ着くと、村は栄《さか》え、家がたくさんあり、村人は網《あみ》を引いて、魚を運んでいました。それを川上の若者《わかもの》が見ていると、監督《かんとく》する人に聞かれました。

「どこから来たものだ。」

「わたしはずっと川上の村の人間なのですが、魚があまりにもたくさんとれるという話を聞いて、うらやましく思って来たのです。」

「それなら明日から一日手伝《てつだ》えば、魚をたくさんやるから、今日は休んで見ているといい。」

と言われたので、立って見ていました。すると、一人の若者が魚を持って草を分けて進んでいくのに気付きました。おやっと思って見ていると、汚《きたな》い格好《かっこう》をした娘《むすめ》が立っていました。若者は小《しょう》便《べん》をするふりをして、魚をこっそり娘になげました。ところが仲間《なかま》に見つかり若者はなぐられ、ひどい目にあわされました。川上の若者はひどいと思いましたが、じっとこらえて、まず娘の事情《じじょう》を聞いてから話をつけようと考えました。

村人が仕事を終えて家に入ると、川上の若者は食事をもらいました。人々が寝静《ねしず》まったころこっそり家を抜《ぬ》け出し、草を分けながら進んでいくと、小屋がありました。明かりが見えたので、入り口のすだれを上げて中をのぞくと、娘が座《すわ》って泣《な》いていました。仲間になぐられた若者の与《あた》えた魚が、まな板の上にのせられて上座《かみざ》に置《お》いてありました。川上の若者が中へ入って座ると娘はびっくりして泣き続けたので、わけを聞くと、娘は事情を話しはじめました。

「むかし、わたしがまだ小さいころには父と親方たちは仲がよく、魚をとって米やいろいろな品物と交換《こうかん》していました。親方たちが板を持って来るので、草だけで作っていた家から板の家も作れるほどになりました。父も親方も正直に取り引きをしていましたが、ある日父が死んでしまいました。父は死ぬときに親方に向かい『娘をよろしくたのむ。』村人の中にもよい者ばかりがいるわけではないから、年ごろになったらふさわしい若者と娘を結婚《けっこん》させて末長《すえなが》く取り引きができるようにしてくれ。』と言いのこしました。親方は父が死んだあともわたしをかわいがってくれました。ところが、そのうちに村人たちが、わたしを殺《ころ》せと親方に迫《せま》るようになりました。親方は『殺しては、死んだ仏《ほとけ》に申し訳《わけ》ない。川岸に小屋を立てて勝手にさせることにする。』と言って、わたしにぼろぼろの着物を着せて、ぼろぼろの小屋に住まわせたのです。わたしはひもじくて死んだほうがましだと思い、毎日泣いて暮《く》らしました。今日もせっかくわたしに魚をくれた若者《わかもの》がひどい目にあわされているのを見て、魚を捨《す》ててしまおうと思いました。でも、おなかがすいているのはわたしだけではない。火の神もおなかがすいているだろうと思って、火の神に魚を供《そな》えて、今日の若者が死んでしまったのではないかと泣《な》いて心を痛《いた》めていたところです。」

この話を聞いた川上の若者は、

「おなかがすいているだろう。早く魚を料理《りょうり》しなさい。わたしも食べるから。」

と言って、娘《むすめ》に魚を食べさせ、泊《と》まっていた家にもどっていきました。

翌朝《よくあさ》、川上の若者は和人《わじん》の親方のところへ行き、

「わたしは川上の長者の息子《むすこ》だが、川口の長者の娘がひどい目にあっていると聞いてようすを見に来たのだ。昨日ようすを見たら、娘をかわいそうに思った若者までがひどい目にあわされ、

娘もかわいそうなようすだ。これはどうしたことなのか。今、川口の長者の霊《れい》とともにお前の首も切ってやる。そうされたくなかったら、娘を呼《よ》んできて風呂《ふろ》に入れ、きちんとした着物を着せて、昨日ひどい目にあわせた若者も連《つ》れて来い。」

と言いました。すると親方は、

「わたしは川口の長者が言いのこした通りにしたかったが、悪い村人から娘をかわいがったらひどい目にあわせ、魚もやらんとおどかされてしかたがなかった。どうか許《ゆる》してくれ。」

と言いました。そこで、川上の若者は、

「わたしはこれから悪い村人をこらしめに行くが、邪魔《じゃま》するとお前の首もないと思え。」

と親方に言い、村の悪人どもをこらしめました。このことで親方もすっかりふるえ上がり、

「後は川上の長者の息子と川口の長者の娘に任《まか》せて、わたしは内地《ないち》(本州)に帰る。年に一度でも魚を送ってくれればよい。」

と言いました。そこで、川上の若者は、娘に魚を与《あた》えてひどい目にあった気立てのよい若者と川口の長者の娘を結婚《けっこん》させて、川口の長者の跡《あと》を継《つ》がせることにしました。体を洗ってよい着物を着せると、娘はびっくりするほどきれいになりました。親方も自分が悪かったことを謝《あやま》って、たくさんの品物を川上の長者の息子に贈《おく》りました。贈られた品物を持って川上の長者の息子は家に帰りました。一人息子をとても心配していた父母は、それまでの事情《じじょう》を聞いて驚《おどろ》き、立派《りっぱ》なみやげを喜《よろこ》びました。

「昭和五十九年度アイヌ民俗文化財調査報告書」より
織田ステノ伝　採話、訳・佐藤知己　再話・貴戸　和彦

ふしぎな力で村を救《すく》った娘《むすめ》の話

わたしは、オタスッというところに、家族と一緒《いっしょ》に暮《く》らしていました。わたしは一番末《すえ》っ子《こ》でした。いつのことか、わたしは寝《ね》ても覚《さ》めても、ずっと遠くの村のこと、そこにいる悪い心を持った者たちのことがわかるようになりました。悪者どもがトパットゥミといって、夜に突《とっ》然襲《ぜんおそ》いに行く準備《じゅんび》をしているようすや山の向こう側《がわ》の人々をきり殺《ころ》しているようすが見えるのです。そのことを言っても父母は、

「恐《おそ》ろしい。娘よ、何てことを言うのか。」

と言うばかりでした。

やがて年ごろになったわたしは、何かが心にうかんで見えていてもみだりにそのことを言わないようにしていました。ある日、兄や村の若者《わかもの》たちが狩《か》りに行き、もう午後になるころのことでした。クスリという村の人々が戦争《せんそう》をしかけに、わたしの村の、川の源《みなもと》にあるカムイヌプリという山の下に、大きな家を作って集まっているのが心にうかんで見えたのです。そして、

悪者どもが、若者二人に、

「今夜、お前たち二人でようすを見に村へ行ってこい。」

と命令《めいれい》しているのが見えました。すぐ近くに見えているかのようにわかったので、

「ねえさん、ねえさん、ひえでも肉でもござに巻《ま》いて、鎌《かま》でもまさかりでも木を切るのこぎりでも荷《に》づくりしなさい。」

と言い、姉をせき立てました。姉はあわてて、父母も、

「突然何てことを言うのか。どこにお前たちは行こうとしているのか。」

と言い出す始末《しまつ》でした。わたしは、

「何でもいいから、言う通りに荷づくりしなさい。入り口のすだれも窓《まど》のすだれも荷づくりして背負《せお》いなさい。」

と姉に言い、急がせました。姉はおろおろして

「どこへ行くの。まあ、いきなり。日もかたむいて食事も終わらないうちに、妹よ、わたしをせき立てて早く早くと言うのか。」

と言うので、わたしは、

「食事はその場所に行って作って食べよう。ねえさん、おぜんを一つとおわんを二つそれに入れて、荷《に》づくりしなさい。」

とさらに姉をせき立てました。姉はわたしが言ったように、おぜんの中へおわんを二つ入れて、荷物にくくりました。

そこでわたしは、ひえやらシカの肉のよいところ、クマの肉のよいところ、あぶらののったところを選《えら》んで荷づくりして、姉とともに上流へと急ぎました。

上流に着くと、姉に命じてかややや草を刈《か》らせ、そこに小屋を作りました。持って来た食べ物を料理《りょうり》して一緒《いっしょ》に食べ終わると、家の中で火をたいて明かりが外にもれるようにしました。そして、用意したおぜんにおわんとはしとをのせて、下見に来る男二人を待ちました。

しばらくすると、外で、

「どうしてこんなところに小屋があるんだろう。」

とあやしむ声がしたので、わたしは、敵《てき》の男二人に、

「女二人でさびしく思っていたところです。どうぞ、中に入ってお休みください。」

と声をかけて中に招《まね》き入れ、用意しておいたおぜんとおわんに料理を盛《も》ってごちそうしました。

わたしは、道に迷《まよ》ってこの家の前に出たと話す男たちにどんどん食事をすすめ、男たちがたらふく食べた後に、何か話してほしいと申し出ました。すると、二人の男は咳《せき》ばらいをしてから狩《か》りに出たときのことをあれこれ話し始めましたが、そのうちに居眠《いねむ》りをしだしました。そこで、わたしは、姉に急いで川に行っておわんやはしを洗って来るようにたのみました。

（以下三行は、姉が見たことを自分で語っている。この部分の〃わたし〃は姉。）

わたしは、妹が何をしようとしているのかと思い、そのようすを見ていました。すると妹が着物のすそをまくって、寝入《ねい》っている二人の若者《わかもの》の上をまたいで土間《どま》の方に行き、また戻《もど》って来ただけで二人の若者は死体となり、転がってしまいました。

（ここから語り手は妹にもどる。）

わたしは姉に、

「ねえさん、ここで留守番《るすばん》をしていなさい。ねえさんは足が遅《おそ》いから、わたしが村に知らせに行きます。夜明け前に知らせないと、トパットゥミ（夜襲《やしゅう》）の悪者どもがいっせいに村に下がってきて村をめちゃくちゃにしてしまうから。」

と言って外に飛《と》び出しました。姉は、後から、

「わたしが行くから妹よ、ここで番をしていておくれ。」

と泣《な》きながらさけんでいました。

しかし、わたしは飛ぶように村にかけ降《お》りて、父母や兄弟に一部始終《いちぶしじゅう》を語り、急いで村中の強そうな者を集めさせて、先頭に立って上流へと急ぎました。兄たちがわたしの足の速《はや》さに驚《おどろ》きながらついて来て小屋に入ると、姉は恐《おそ》ろしさですみにちぢこまって泣いており、話の通りに敵《てき》の男二人が死んでいたので、兄たちははじめて事情《じじょう》をさとりました。

わたしは、川の源《みなもと》のカムイヌプリ山に、悪者どもが大きな小屋を建《た》ててひそんでいることをみんなに話し、案内《あんない》しました。すると、見上げるようなカムイヌプリの山のふもとに大きな小屋がありました。明かりもなく、話し声もなく、大きな小屋は、ひっそりとしていました。わたしは兄たちに先に入れとどなりましたが、おじけづいた兄たちは、

「お前が先に入ってくれればいい。」

と言うばかりです。兄たちの意気地《いくじ》のなさに腹《はら》を立てたわたしは、小屋の中に飛《と》び込《こ》んで、悪者どもを次々《つぎつぎ》になでぎりにしていくと、村人たちも中に入って来て、悪者どもをきりふせました。悪者どもは、

「おれたちが悪いんじゃない。村長《むらおさ》が悪いんだ。命ばかりは助けてくれ。」

と言いましたが、わたしたちは悪者どもを残《のこ》らず退治《たいじ》し、家にも火をつけ、夜明けを迎《むか》えました。悪者どもを退治し、やっとほっとしたわたしは、川を下がり、残した姉のいる小屋に戻《もど》りました。待っていた姉に、

「ねえさん、使ったござやおぜんを早く荷《に》づくりして。小屋を焼《や》いてしまうから。」と言い、火を放ち、悪者どもと一緒《いっしょ》に小屋を焼いてしまうと、ようやく安心して村へと帰りました。

村に帰ると、上手から下手から人々が着物や宝物《たからもの》を持って集まり、感謝《かんしゃ》の気持ちを伝えてくれました。

父母は、

「神様が娘《むすめ》に取りついて悪者どものトパットゥミ(夜襲《やしゅう》)のたくらみを知らせてくださったのだ。」

と言って神への感謝《かんしゃ》を口にし、男たちは集まって神への祈《いの》りをささげました。

やがて、わたしは特別《とくべつ》な力を持つ者として人々から敬《うやま》われ、結婚《けっこん》もしました。村人は、わたしが畑仕事やひえつきをしていると手伝《てつだ》ってくれました。

子どももたくさんでき、わたしは子どもたちに、

「決して悪い心を持ってはいけないよ。悪者どもは、神様が知らせてくれたので、こらしめられてしまったのだからね。」

と語り聞かせながら年老《としお》いていきました。

と、一人の女が自分のことを物語りました。

「昭和五十九年度アイヌ民俗文化財調査報告書」より

織田ステノ伝　採話、訳・佐藤知己　再話・貴戸　和彦

カエルのうた

―トーロロ　ハンロク　ハンロク―

ある日、わたしは、天気もよいので、うかれて、草原をぴょんぴょんとんで遊《あそ》んでおりました。

ふと見ると、一けんの家の前にきていたのです。戸口《とぐち》へ行って、そっとのぞいてみると、家の中には祭《さい》だんがあって、その前にすわり台がおいてありました。そして、その台の上に一人《ひとり》の若者《わかもの》がうつむいて、いっしょうけんめいに刀のさやを彫《ほ》っているのです。

そこで、わたしはからかってやろうと思い、しきいの上にすわって、

トーロロ　ハンロク　ハンロク

と歌いました。

すると、その若者《わかもの》は、刀をかざしながら、わたしを見て、にこにこしながら、

「それは、おまえのユーカル（物語《ものがたり》の歌）かい？　それとも、おまえのサケハウ（酒もりの歌）かい？　もっと聞きたいね。」

と言うのです。そこで、わたしは、つい調子《ちょうし》にのり、

トーロロ　ハンロク　ハンロク

と歌うと、若者がまた、

「それは、おまえのユーカルかい？　それともサケハウかい？　もっと近くで聞きたいね。」

と言うので、わたしはよろこんで、ろぶちの上にぴょんととんで、またまた、

トーロロ　ハンロク　ハンロク

と歌うと、その若者が、またまた言うのには、

「それは、おまえのユーカルかい？　それともサケハウかい？　もっと近くで聞きたいね。」

わたしは、たいそううれしくなり、上座《かみざ》のろぶちのすみにぴょんととんでいって、

トーロロ　ハンロク　ハンロク

と歌うと、とつぜん、その若者がぱっとたち上がったかと思うと、大きなまきのもえさしをつかんでわたしの上に投げつけるではありませんか。

わたしは、うでの先までしびれてしまって、それっきり、あとはどうなったのかまるっきりわかりません。

ふと気がついてみると、庭のすみっこに一ぴきの腹《はら》のふくれたカエルが死んでいるのです。それがわたしの死がいだったのです。

よくよく見ると、ただの人間の住む家だと思ったのは、オキキリムィ、神のような強いお方の住む家なのでした。オキキリムィだということを知らないで、わたしはいたずらをしたのでした。そのために、わたしは今、このようにつまらない死にかたをしたのです。

「これからのカエルたちよ。けっして、人間たちにいたずらをしてはいけないよ。」

と、言いながら腹のふくれたカエルは死んでしまいました。

知里真志保「アイヌ文学」より
再話・永田　元久

カワウソの物語《ものがたり》

——ハリピッ　ハリピッ——

ハリピッ　ハリピッ　川にわなを
ハリピッ　ハリピッ　つくって
ハリピッ　ハリピッ　見まわりに
ハリピッ　ハリピッ　行ってみたら
ハリピッ　ハリピッ　一本のサケが
ハリピッ　ハリピッ　かかっていた。

空は青空、おれはうきうきしていた。今とれたばかりのサケを水からひきあげていると、川《かわ》上《かみ》の方から、一人《ひとり》の若者《わかもの》がやってきて、こう言った。

「ひとりの妹を、おれはもっている。それをやるから、そのサケをおれにくれ。」

ハリピッ　ハリピッ　女と聞いて
ハリピッ　ハリピッ　おれはうれしくなって
ハリピッ　ハリピッ　そのサケを
ハリピッ　ハリピッ　くれてやった。

すると、その若者《わかもの》は、ずっと川上の方に行ってから、ふり向いて、こう言ったのだ。
「ざまあ見ろ、みにくい頭のカワウソやあーい。妹なんぞ、このおれがもっているものか。だましてやったのさ。それを本気にして、ウェ、ウ、ウ、ウ、あははーい。」
こんなふざけたことを言ってにげたので、おれは、腹《はら》をたてて、追っかけた。追っかけ追っかけしているうちに、道の横《よこ》に穴《あな》があった。おれは、そこへ飛《と》びこんだ。見ると、一ぴきのキツネがいて、おれのくれてやったサケの卵《たまご》を木ばちに入れて、つぶしているではないか。おれは、腹だちまぎれに、そのサケの卵のつぶれたのを、木ばちのままひったくって、キツネの頭から、ぶっかけてやった。
それから、キツネは、あのように赤いのさ。——とカワウソが物語《ものがた》った。

知里真志保「アイヌ文学」より
再話・永田　元久

悪魔《あくま》をかくした雌《め》阿《あ》寒《かん》岳《だけ》

むかしむかし、石狩《いしかり》の方の山続《つづ》きに、「悪魔《あくま》の山」という山がありました。

そこには、悪魔と、そのけらいたちが、かくれていて、旅人《たびびと》をだましたり、りょうをした獲《え》物《もの》をぬすんだり、冬ごもりのまきや、食料《しょくりょう》をぬすんだり人間の困《こま》るようなことばかりしていました。

そこで、人々はオタシトンクルという、アイヌの英雄《えいゆう》のところに行って、

「悪魔たちに、こんな悪いことばかりされていては、やがて、人間たちは、ほろびてしまい

ます。なんとか、悪魔たちを退治《たいじ》してください。」

と、たのみました。

オタシトンクルは、情《なさ》け深い勇敢《ゆうかん》な人で、英雄として尊敬《そんけい》されている人でしたので、自分の命を捨《す》て、人々の願《ねが》いをかなえてやろうと決心しました。

そこで、オタシトンクルは、国々から六十人の勇士《ゆうし》を集めました。英雄オタシトンクルは、六十人の勇士といろいろ作戦《さくせん》を相談《そうだん》しました。

オタシトンクルたちと悪魔たちとは二十日間にわたって、はげしい戦《たたか》いを続け、悪魔どもを、つぎつぎと退治しましたが、勇士たちもまた傷《きず》つき、死に、残《のこ》った勇士は、二十人たらずになってしまいました。

さすがの悪魔どももしだいに弱りはじめましたが、つかまりそうになると、黒雲をはき、雷《かみなり》を鳴らし、雨を降《ふ》らしてにげ回りました。

ある時は、深い山ににげこんだり、ある時は、昼でも暗い森にかくれ、ある時などは、海の上までにげ回ったこともありました。そのたびに、オタシトンクルや勇士たちにさがしだされて、命からがらにげのびました。

そして、ついに、悪魔どもは峠《とうげ》から追いおとされ、湖《みずうみ》のなかに砂州《さす》※でつながった、大きな島に追いこまれました。勇士たちは、砂州で待ちうけてとらえるものの、中で追いたてるものの二手《ふたて》に分かれました。

オタシトンクルは攻《せ》め手の先頭にたって、大島に入り、先頭に立って、はげしく追いたてました。もう一息《ひといき》でつかまりそうになった悪魔《あくま》たちは、湖面《こめん》いっぱいに霧《きり》をはきちらして、湖《みずうみ》の中に飛《と》びこんで、姿《すがた》をかくしてしまいました。

湖をわたり、山や森、けわしい坂道をこえて、別の湖のそばにそびえる雄阿寒岳《おあかんだけ》にたどりつきました。そこで、ずるい悪魔たちは、雄阿寒岳にさもおとなしそうに、あわれな声で、

「悪いやつらに追われております、どうか、お助けください。」

と、いっしょうけんめい、たのみました。

ところが、背《せ》の高い雄阿寒岳は、いつでも国国を見わたしている男神《おがみ》の山で、そのうえに正《せい》義感《ぎかん》の強い神様でしたので、ものも言わず、岩のげんこつを、いきなりふり上げたかと思うと、悪魔の頭がくだけるほど強く、なぐりつけまし

た。

悪魔たちは、命からがらにげだしました。そこで、悪魔たちは、しかたなし、長いすそのを通り、雌阿寒岳《めあかんだけ》にたどりつきました。悪魔は、大声で泣《な》きながら、

「一生のお願《ねが》いでございます、どうかわたしの命を、お助けください。」

と、たのみました。

雌阿寒岳は、情《じょう》にはたいへんもろい女神《めがみ》でしたので、悪魔たちをあわれんで、自分の奥深《おくぶか》いところにかくしてやりました。

悪魔たちは、やっとのことで、かくれがを見つけ、やれやれ、これで命びろいしたと、ほっとしました。

ところが、オタシトンクルと二十人の勇士《ゆうし》は、風の便《たよ》りに、雌阿寒岳が悪魔どもをかくまっていることを聞きつけました。オタシトンクルは、勇士といっしょになって、雌阿寒岳に話を持ちかけました。

情にもろい雌阿寒岳は、悪魔たちをあわれんで、なかなか、応《おう》じようとはしませんでした。

オタシトンクルと二十人の勇士は、すきを見て、雌阿寒岳の奥深いところになだれこみ、はげしい戦《たたか》いを、六日六晩続《ばんつづ》け、やっとのことで、頭《かしら》の悪魔を退治《たいじ》し、生き残《のこ》ったけらいの悪魔も退治することができました。

このはげしい戦いで、真《ま》っ赤《か》な血が雌阿寒岳の奥深いところを川のように流れ、その血がた

まって、沼になりました。

この沼が「赤沼《あかぬま》」といわれ、後の世まで雌阿寒岳《めあかんだけ》の奥深《おくぶか》いところに残《のこ》りました。

このはげしい戦《たたか》いで生き残ったのは、英雄《えいゆう》オタシトンクルと、六人の勇士《ゆうし》だけになりましたが、勇士たちもまた傷《きず》ついていました。

英雄オタシトンクルや、六人の勇士と国々から集まった神がみで、情《じょう》に負けて悪魔《あくま》どもをかくまった、雌阿寒岳のつみを口々に責《せ》めたてましたが、なかなか聞きいれませんでした。

その時、英雄オタシトンクルは、高らかにさけびました。

「雌阿寒岳よ、悪魔どもをかくしたつみのむくいとして、いつまでも、血のあとがおまえの内ふところに残るだろう。そして、いつまでも、くさい息が出て、そこから、うみが流れてとまらないだろう。」

と。

すると、くさい噴煙《ふんえん》が、もうもうと立ち上り、いおうのうみが流れはじめました。このうみのあとが、青沼《あおぬま》となって、赤沼とともに、後《のち》の世まで長く残りました。

雌阿寒岳は、悪魔たちが人々を困《こま》らせた悪事の数々がしだいにわかってきました。そのうえ、五十四人の勇士たちが、傷つきたおれたことがわかって、自分の誤《あやま》った考えがどんなにつみの深いものであったかがわかり、泣《な》いてそのつみをわびました。

そのつぐないとして、傷ついたり、たおれたりした、五十四人の勇士を、ていねいに運び集め、それから、自分がたいせつにしていた、宝《たから》の薬をわかしてちりょうしてやりました。

その心のこもった、ちりょうのききめがあって、死んだはずの勇士のたましいが、つぎつぎよみがえりました。傷ついた勇士たちの傷もきれいになおり、元気な姿《すがた》になって、国々に帰ることができました。

雌阿寒岳のわかした薬の湯《ゆ》は、阿寒湖畔温泉《あかんこはんおんせん》となって、こんこんと流れ、今も、たくさんの人たちのからだをなおしています。

文・石川　茂

注　※砂州《さす》＝入り江《いえ》などで、風や水の流れによって砂《すな》が運ばれ、その砂がたまってできた砂地。

大アメマスを退治《たいじ》したアイヌラックル※の話

姉上はわたしを大事に育ててくれた。家の中にはたあくさんの宝《たから》が置《お》いてある祭だんがあってな。祭だんの山のような宝の上の方には首領《しゅりょう》の宝の剣《けん》がいくつもいくつも飾《かざ》ってあるんだ。たくさんの宝の布がそよそよと風にゆれるとな、その光がきらりんぴかりんって反射《はんしゃ》しあうんだ。刀にも、うるしぬりの器《うつわ》にも光があたって、家の中が照《て》り返す光だらけに輝《かがや》くのを見るととってもうれしくなるんだ。

宝物の下には、これまた黄金《おうごん》に輝く座布団《ざぶとん》の上に、六重《ろくえ》になった着物もある。

姉上はとてもとても美しい。わたしのために、腕《うで》のもとまで水で清《きよ》めてから食事を用意し、金のおわん金のおぜんを重ねて出してくださる。それはそれは、とっても大事にされてわたしは時を過《す》ごし、大きくなっていたのだ。

わたしが大きく成長《せいちょう》し、刀のさやに夢中《むちゅう》になって彫《ほ》り物をするほどの年になった。時おりどこからともなく、遠くからものすごくでっかい物音がするのを耳にして、少し気にかけていた。

そんなある時、姉上は顔を上げてこう言った。

「お育て申し上げているわが神様。これからわたくしがお話しすることをようくお聞きくださいませ。」

わたしは姉上の話をびっくりしながら聞いたのだが…。

「…あの大きな物音は、すでにお気づきになっていることと思うのですが。何の音かというと…この、里川の上流で、十勝《とかち》川との分かれ道にあたる山にとてもとても大きな　沼《ぬま》があるのです。そこに、大きな大きなアメマスが住み着いています。そのアメマスがあばれて動くたびに、この大地に大きな地震《じしん》を起こしてしまい、大地が、クニがこわれてしまうので、神々が沼に集まってその悪魔《あくま》のアメマスを退治しようとしているのです。

しかし、その大アメマスにもりを刺《さ》しても、何と大アメマスの胸《むな》びれの下からは、黄金《おうごん》の竜《りゅう》が飛《と》び出て、牙《きば》むいておそうわ、尾びれの下からは黄金のカワウソが出て来ておそいかかるわで、大アメマスに勇敢《ゆうかん》に立ち向かった神々は残らず全員が命を落としてしまいました！　沼《ぬま》の縁《ふち》には神々の死体が打ち寄《よ》せられた流木のように散乱《さんらん》しているのです。今では大アメマスを退治《たいじ》しようと向かい、命を落とした勇敢な神々の仮小屋《かりごや》だけが沼のほとりに建《た》ったままです…。あなた様でなければ、この悪魔《あくま》の大アメマスを退治してくれる人はいないと思うのです。どうかどうか、一日も早く、もっともっと大きく大きく成長してください。そして、悪魔のアメマス退治をお願いします！」

と語ったのだ。

姉上の話を聞くが早いか、わたしは彫《ほ》り物をしていた刀のさやを宝《たから》を置《お》いてある祭《さい》だんへかたづけて、急いで小袖《こそで》を着て、帯《おび》をしっかりしめ金のかぶとの緒《お》をぎゅっと結《むす》んで、神からいただいた刀を腰《こし》に差《さ》し、銀のもりを手に持って外へと出た。

わたしは里川に沿《そ》って急いで上流の沼へ向かった。耳元にはめちゃくちゃ風が吹《ふ》きつけるほど、わたしはとにかく早く走りぬけたのだった。

「やっぱり！　激《はげ》しい物音がするぞ！　あそこだな！」

はたして里川の上流から大きな音がするではないか。

「あそこだなあ！」

そこを指さして、わたしはわき目もふらずに走る走る。ようやく姉上が語った里川と十勝川《とかち》の分かれ目の山に来た。確《たし》かに、大きな沼があるではないか。その周《まわ》りには、姉上が語ったように無数の神々の小屋が建ち並《なら》んでいた。大きな沼の縁《ふち》には悪魔の大アメマスに殺《ころ》された多くの神々の死体が、打ち寄せられた流木のように散乱しているではないか。

大アメマスは沼いっぱいにでっかくなっている。沼がしらに胸《むな》びれを、沼の後ろには尾びれを振《ふ》るっている。

わたしは急いで装束《しょうぞく》を脱《ぬ》ぎ捨《す》て、銀のもりを手に持ち、悪魔の大アメマスをしたたかに突《つ》いたのだ。

全力死力をつくしてアメマスを突きまくり、ようやく水ぎわまで引き上げようとしたが、大アメマスもだまっちゃあいない。わたしは膝《ひざ》まで大アメマスに沼に引き戻《もど》されそうになった。

その時だ！

はたして、大アメマスの胸《むな》びれの下からは、黄金《おうごん》の竜《りゅう》が牙《きば》をむいてわたしにおそいかかってきた。わたしは、刀を抜《ぬ》き一刀両断《いっとうりょうだん》にその竜《りゅう》の首を落としたのだ。だが、今度は大アメマスの尾びれの下から黄金のカワウソがおそいかかってきた！　またその首をスパンと切り落として、ついにこの大アメマスを切り刻《きざ》んだ。

すると！　何と、切断《せつだん》した大きな肉片《にくへん》がいろいろな虫になって飛《と》び上がったではないか。わたしが沼《ぬま》の縁《ふち》にある打ち寄《よ》せられた流木のような神々の死がいを足で、ほとほとと踏《ふ》むと、神々たちは長い眠《ねむ》りから覚《さ》めたように、目の周《まわ》りをもみもみし、

「ああ、もう少し寝《ね》ようと思ったのに。」

と言い言い、起きあがった。

わたしが沼のかたわらを力を入れて踏んで勢《いきお》いよく飛び上がると、わたしの一足一足で大きな沼の水が波打ち、十勝《とかち》川へ大津波《おおつなみ》が下った。わたしの里川、沙流《さる》川へも大津波となって行ったから、育ての姉上はびっくりしてその沼までやってきた。

わたしの肩《かた》を後ろから抱《だ》き留《と》めて、

「これこれ、坊《ぼう》や、とんだことをする。このクニがこわれるのを心配し、あなた様ならば大アメマスを退治《たいじ》してくれるのではと思って頼《たの》んだのに…。アメマスを退治したはいいが、どうしてあなた様がクニをこわすの！」

と、言った。わたしは姉上に肩を押さえられて、ふっとわれに返ったのだったわ、と、若いア

イヌラックルが語ったとさ。

金田一京助「ユーカラの研究Ⅰ」より

再話・佐藤　広也

注

※アイヌラックル＝アイヌの英雄《えいゆう》。神と人間の間、半人半神とでもいうべき存在。人間の始祖《しそ》ともいわれている。地域《ちいき》によってはオキクルミと呼ばれることもある。

気のいいカッパ

むかし、カッパはたくさん住んでいました。

その中で、いたずらをしたり、人々を困《こま》らせたりするカッパもいました。日高《ひだか》の布辻《ぶし》川に住んでいたカッパは、冬に、旅人がこおった川を渡《わた》ろうとすると、ふいに、氷を割って、おぼれさせようとしました。

また、十勝《とかち》の利別《としべつ》川のカッパは、気まぐれで、ときどき、川の水をあふれさせ、村の人たちを困らせていました。

そして、いろいろなカッパの中には、人々を助ける「気のいいカッパ」たちもいたのです。

一　ニントチカムイの金のたばこ入れ

沙流《さる》川近くのコタンでの話です。

秋も終わりのころです。エカシ（村長《むらおさ》）が山に狩《か》りに行くため、長い間、家を留守《るす》にしなければならなくなりました。それで、留守中に家族がたくさんまきを、毎日毎日、川岸にあるハンノキの森から切り出し、家に運んでおりました。

あるとき、いつものように、切ったばかりのまきを運ぼうとして、立ち上がろうとしましたが、なかなか立ち上がることができません。ありったけの力を出してもだめです。

「これはいったいどうしたことだ。こんなことは、今までになかった。それにしても、だれか、助けてくれる人はいないかな。」

エカシは、汗《あせ》をふきふき、ふうふう言いながらつぶやきました。すると、すぐ近くから、

「おれが手伝ってやろう。」

と言いながら、出てきたものがいます。そのようすは、子どもぐらいの背《せ》たけで、目が大きく、口がカラスのようにとんがっています。頭のまん中はお皿をのせたようで、そこには毛がはえていません。足の指先は長く、ちょうど鎌《かま》のような形をしています。

エカシは、これがうわさに聞くカッパであろうと、とっさに思いました。しかし、カッパを見るのは初《はじ》めてです。少しこわかったのですが、助けてもらうことにしました。

そのカッパは、エカシの手をとり、「よいしょ」と引き上げました。するとどうでしょう。今まで、あんなに重かったまきが、とても軽くなり、ほんの少しばかりの力で起き上がることができました。

エカシは、とても喜び、いくども礼を言いながら、カッパを自分の家に案内しました。その話を聞いたエカシの妻《つま》も喜んで、花むしろをしき、酒やごちそうを出してもてなしたのです。カッパもとても楽しそうでした。

そのようすを見てエカシもうれしくなり、好きなたばこに火をつけ、いっぷくしはじめました。すると、なぜか急にねむたくなり、いつの間にか、ねこんでしまったのです。

どれほどたったでしょうか。エカシは、耳もとでさけぶカッパの大声で目を覚《さ》ましました。

「早く、早く、コタンのみんなをこの家に集めろ。」

カッパがくりかえし、こうさけんでいるのです。

エカシはなにがなんだかわからないまま、家をとび出しました。そして、コタンの家々を走りまわり、みんなに、エカシの家に集まるように言いました。

わけがわからないまま、コタンの人々は、エカシの家に集まったのですが、ふしぎなことに、カッパを見るなり、みんな急にねむ気がきて、たおれるようにねてしまいました。

やがて、すさまじい雷《かみなり》や地鳴りがし、はげしく家がゆれました。外は風が吹き荒《あ》れているようです。エカシやエカシの家に集まった人々は、それらをぼんやりと感じながら、ねむり続けました。そして、ねむっている人々は、みな同じような夢《ゆめ》を見ました。

夢には、カッパが出てきて、こう言いました。

「わたしは、このコタンのハンノキの森を守るために、天上から沙流《さる》川につかわされたニントチカムイ(カッパ神)である。じつは、今夜、悪者がきてこのコタンをおそうことを知った。それで、みんなを助けてやろうとしたのだ。これからもどんなことが起こるかわからないから、この魔除《まよ》けを置《お》いていこう。大事にしろよ。」

そう言いながら、カッパは金のたばこ入れをエカシにわたして、消えていきました。

朝になりました。カッパの姿《すがた》はありません。金のたばこ入れだけが、エカシの手にしっかりとにぎられていました。

外に出てみると、つぶれた家々のあいだに、

エカシの家に集まらなかった人々の死体が、あちこちに転《ころ》がっています。

カッパからもらった金のたばこ入れは、木の箱《はこ》におさめられ、コタンの宝物《たからもの》として、大事にされました。そのおかげなのでしょうか。その後、そのコタンは、おだやかな毎日が続き、山の幸、川の幸にも恵《めぐ》まれて、人々は豊《ゆた》かにくらしたと言うことです。

更科源蔵「アイヌ伝説集」より
再話・永田　元久

二　ニントチカムイの小さな袋《ふくろ》

むかし、むかし、石狩川《いしかり》のカッパは頭がはげていて、人間に悪さをしたといいます。

たとえば、男のカッパは人間の女性《じょせい》を好きになったり、女のカッパも人間の男の人を好きになったりして、人間を困《こま》らせたということです。

しかし反対に、人のためになることをするカッパもたくさんいました。

ある日、近文《ちかぶみ》という村のひとりの若者《わかもの》が、おじいさんの言いつけで、北見《きたみ》の湧別《ゆうべつ》の男に貸《か》してあった宝物《たからもの》を返してもらいに出かけました。

若者は元気にあふれていましたから、おじいさんに言いつかってから、夜が明けるとすぐに湧別にむかいました。

けれどもいくら若者ががんばって道を急いでも、途中《とちゅう》で日が暮《く》れてしまいました。

「どこかに泊《と》まる場所を探すことにするか…。」

若者はあたりを探していると、たくさんの木が倒《たお》れたところが目に入りました。

「あそこなら泊まるのにちょうどいい。ここで泊まることにしよう。」

若者はさっそく泊まる場所の準備をしていると、突然《とつぜん》頭のはげたカッパが現《あらわ》れ、目をいからせて、

「おれ様のねる場所を、勝手にあらすやつは、どこの誰だ！」

目をつりあげ、今にも飛びかかりそうなけんまくに、若者はびっくりしてしまいました。

「わたしは何も知らなかったのだ。許《ゆる》してくれ。悪気があって、ここに泊まろうとしたわけではないのだ。」

と、平あやまりにあやまりました。

　そしてふところからタバコを出し、そのカッパにさし出しました。するとカッパはニコニコしてタバコを受けとりました。

　そのカッパはタバコが大好きなのでした。タバコを受けとったカッパは、

「おれは石狩川《いしかり》に住むニントチカムイ（カッパの神）だが、今、北見《きたみ》から石狩のほうに帰るところだ。お前がこれから行く湧別《ゆうべつ》の男は、心のよくない人間だから、宝物《たからもの》を返そうとしないだろう。きっとお前をだましてフーリーカムイ（巨鳥《きょちょう》）のえじきにしようとするだろうから、これを持って行け。」

と、小さな袋《ふくろ》をくれました。

　喜《よろこ》んだ若者は、カッパにお礼を言って、カッパと別れて湧別に行ってみると、カッパが話したとおり、湧別の男は宝物を返そうとしません。

　男はいろいろ言いのがれをするだけです。そして男が言うのには、

「この山奥には、とても羽《はね》の美しい鳥がいるから、おみやげにその鳥の巣《す》をとって来たらどうだろう。」

と、言葉たくみに若者にさそいかけました。

　若者は何も知らないふりをして、男の言うままに山へ入って行きました。

　エゾ松《まつ》の森があり、木の枝がびっしりとおいしげって、日の光をさえぎり、うす暗い夕方の

ようでした。

よく見ると、うす暗いところの木の枝《えだ》には、人の骨《ほね》がたくさんひっかかっています。若者はぎょっとしましたが、その木を登っていくと、あたりが急に暗くなってきて、ものすごいフリーがおそいかかってきました。

しかし、石狩のニントチカムイからもらった小さな袋を持っている若者に、怪鳥フリーは近《ちか》寄《よ》れません。フリーは何度も若者におそいかかろうとします。

しかしそのために、かえって力が弱って、とうとう怪鳥フリーは美しい羽を落として飛《と》び去《さ》って行ってしまいました。若者が木をおりて、羽を拾い帰ろうとすると、怪鳥フリーは、夢《ゆめ》でも見ているような感じのする中で、若者に言いました。

「今まで誰《だれ》にも負けたことがないのに、お前だけにはどうしても勝てなかった。くやしい。その代わりおれのいちばん大事な宝物の羽をお前にやる。」

と言い残《のこ》すとどこかへ行ってしまったのでした。

はっと、夢からさめたように気がついた若者の手には、カッパからもらった小さな袋がしっかりにぎられていました。

「わたしは、この小さな袋のおかげで、おそろしいフリーカムイから、身を守ることができたのだ。ありがとうございます。」

若者はあらためて、小さな袋に頭を下げ、お礼を言いました。

それから若者は、フリーカムイが落としていった美しい羽《はね》を持って、急いで湧別《ゆうべつ》の村に行きました。

そして、湧別の男の家の神様だけが出入りする窓《まど》から、フリーが落とした美しい羽を投げ込《こ》んで言いました。

「こんなすばらしい宝物《たからもの》を授《さず》けられた。どうだみんな、こんな美しい羽がほしくないか。ほしいなら山へ行ってみることだ。山にはこんな美しい羽をした小鳥が、まだたくさんいるぞ。」

欲《よく》の深い湧別の連中は、美しい羽がほしいので、先をあらそって山へ入って行きました。

しかし、山で待っていたのは、フリーカムイでした。

先をあらそって山に入ってくる欲の深い男たちは、つぎつぎとフリーカムイに食い殺《ころ》されていったのです。

近文《ちかぶみ》の若者《わかもの》のように、カッパの神からもらった小さな袋《ふくろ》のお守りのない湧別の連中は、怪鳥フリーに立ちむかうことはできなかったのです。

若者はおじいさんが貸《か》してあった宝物を、湧別の男から無事にとり返すことができました。

「これでおじいさんの言いつけを果《は》たすことができた。きっとおじいさんも喜《よろこ》んでくれるにちがいない。」

宝物をとりもどした若者は、元気よく帰りの道を急ぎました。

近文に帰った若者の村は、石狩《いしかり》のカッパからもらった小さな袋のおかげで、だんだんと豊かになったということです。

むかし、湧別や近文あたりでは、

「山の中の木がたくさん倒《たお》れているところや、つるのからまったようなところはカッパの泊《と》まるところだから、そういうところに泊まってはいけない。」

と、伝えられていたそうです。

更科源蔵「アイヌ伝説集」より
再話・大西　泰久

米と魚

むかしな、シャモ（本州人《ほんしゅうじん》）とアイヌがいっしょに漁場《ぎょば》でかせいでいたころの話だ。

飯時《めしどき》に、アイヌの漁師《りょうし》が、飯の食べかたになれないのか、飯つぶを食《く》いこぼして、そのうえ平気《へいき》でふみつけていた。それを見かねたシャモの連中《れんちゅう》が注意した。

「おお、もったいない。米は人の命をつないでくれる物で、仏様《ほとけさま》のようにありがたいもんだ。それをそんなにそまつにして、もったいないではないか。」

「ほう？　それはシャモの土地で言うことだ。アイヌのほうは、ふだんの食い物は魚だよ。米もうまいとは思うけど、まあ、おやつみたいなもんで、魚はありがたい神様だが、米はそれほどでもないからよ。」

くやしいシャモは、またせめた。

「では、そんなにありがたい神様みたいなサケの皮で（アイヌのくつのこと）を作ってはいているのは、どういうことだ。ばちが当たらんのか。」

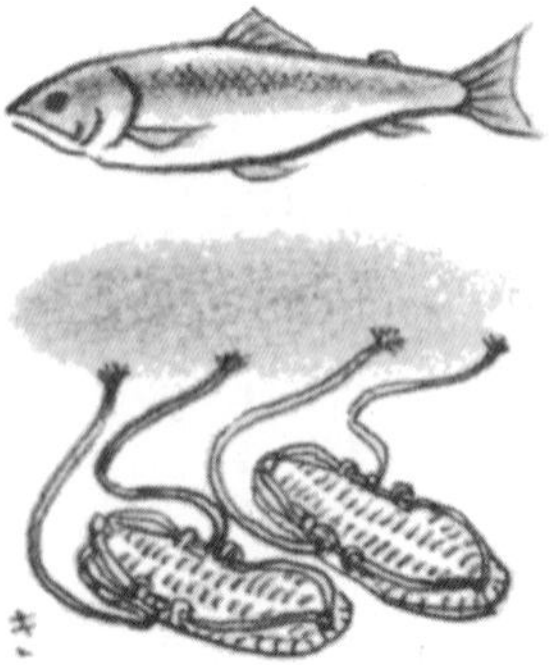

「それでは聞くけど、シャモは米をいちばんありがたがっているけど、ワラちゅうのは米の茎《くき》じゃないのかね。」

「そのとおりよ。」

「じゃ、同じことよ。シャモも米のワラでわらじを作ってはく。おれたちはありがたいサケの皮のケリをはく。」

また言い負かされて、くやしくなったシャモの漁師《りょうし》たち、今度はちえのある親方に問答《もんどう》させた。

「では聞くが、アイヌはクマをカムイ（神様のこと）と言って、たっとんでおるな。それなのに、カムイ（神＝クマ）の肉を食うとはどういうわけだ。」

「たしかに、わたしどもはクマを神様だと信じています。ですから、その頭の骨《ほね》をおまつりしておがみます。でも、その肉はくさらすより、食べるほうがたいせつにすることじゃありませんか。あなた方の神様のまつり方を拝見《はいけん》しますと、神だなをかざり、おそなえの品《しな》もたくさんありますが、みんなネズミに食いちらされているではありませんか。まして御神体《ごしんたい》までかじられるくらいなら、カムイをアイヌが食うほうがまし、と思いますがね。」

串原　正峯「夷諺俗話」より

再話・蒲田　順一

※　江戸《えど》時代、幕府《ばくふ》の役人が北海道で見聞きしたことをまとめた本があります。このお話は、その本にのっている、当時のアイヌの人と本州《ほんしゅう》から北海道へわたった人とのやりとりのお話です。

開《かい》たくのころの話

明治《めいじ》のはじめ頃《ころ》の北海道。アイヌの人たちなどが生活していた場所や南部の一部の地域《ちいき》を除《のぞ》いて、ほとんどは自然《しぜん》のままの地であったと言われています。当時は今とは違《ちが》って、水道だって電気だってありませんでした。便利な機械《きかい》だって発明される以前《いぜん》の時代のことです。開たくにやってきた人たちは、北海道の広大であるけれど厳《きび》しい自然を受け入れながら、少しずつ切り開いていったのでした。

ハッカ、石炭《せきたん》、カボチャ、フキ、ニシンなどなど……。これらは北海道各地方の名産品《めいさんひん》や人々の生活を支《ささ》えてきた大切なものばかりです。ここでは、開たくのころの生活の様子と、北海道にゆかりのあるものについてのお話が紹介《しょうかい》されています。みなさんの知っている町の名前がたくさんでてきますから、地図を広げながら、お話を読んでみるのもいいですね。きっと北海道をもっともっと知りたくなるだろうし、もっともっと好《す》きになると思いますよ。

ハッカ成金《なりきん》

北見《きたみ》のハッカといえば、世界中に売り出されて有名なもんだった。

むかしの北見は鉄道《てつどう》はないし、馬車《ばしゃ》もない。馬の背《せ》に荷物《にもつ》をつけて運ばなくちゃならないから、畑の作物は軽《かる》くて金めになる物がいいっていうわけで、ハッカが急に広まった。

ハッカというのは、ヨモギにクローバーの葉っぱをつけたようなもので、秋にかりとり、せいろでむしてハッカ油《あぶら》を取るんだ。これがたいした値打《ねう》ちもんで、ビールびん二本分が米一俵《ぴょう》になったくらいだ。それが何百本も取れるのだからたまらない。長い間汗水流《あせみずなが》して荒《あ》れ地をおこしてきて、初《はじ》めて大金を手にしたもんだから、血《ち》が頭にのぼっちまって、変《へん》なおっちゃんたちが何人もいたということだ。

一 日本一高い朝飯《あさめし》

あるおっちゃんが町の仲買人《なかがいにん》※の所に、ハッカの代金をもらいに行った。

おっちゃんは生まれて初《はじ》めて見る札《さつ》たばをいくつもいくつも受け取った。どきどきしながら胴巻《どうまき》(お金が入れられる腹巻)の腹《はら》から背中《せなか》までぎっしりとつめこんだと。

おっちゃんが馬の背《せ》に乗って夕暮《ぐ》れの町を通ると、料理屋《りょうりや》がのきを並《なら》べ、三味線《しゃみせん》の音や、歌いおどる声がして、お祭りのような気分でわいていた。おっちゃんも酒を飲《の》んでさわいでみたかったけど、

――この金がなくなったら大変だ。

と心配して、ぐっとこらえたと。そして、帰り道に馬の上で飲む酒を少しと、子どものみやげだけ買って、村にもどったと。

馬の背での酒は、よいがよく回り、いねむりをしたけれど、馬のほうはなれたもんで、暗い山道をまちがわずに自分の馬小屋まで来て、勝手に草を食べてる時、おっちゃんは目をさまし、

思わず胴巻に手をやった。

——あるある、だいじょうぶだ。

ほっとして、家の中に入った。

もう夜ふけだったので、おっかやんも寝《ね》てしまっていた。おっちゃんは、生まれて初めて持った札たばを次々とランプの下にならべてみた。

そのうちにだんだん心配になってきた。

——火事になったらどうしよう。どろぼうが入ったらどうしよう。どこにしまっておいたらいいかな？

持ちつけないものを持ったもんだから、落ち着かない。まくらの下に入れて寝たが高すぎる。ふとんの下に入れてみたけど、体が痛《いた》い。起《お》きあがったおっちゃんは、このあいだ買ったばかりのストーブが目についた。

——そうだ。金持ちは金庫《きんこ》ちゅうのを持ってるそうだな。うん、このストーブなら、どろぼう

も気づくまい。火事にも安全だ。あすの朝は一番に起きて、みんなを驚《おどろ》かせてやろう、と思ったんだな。おっちゃんは安心したのと酒のよいで、ぐっすり寝《ね》こんでしまった。

翌朝《よくあさ》、おっちゃんのふとんの中に、ご飯《はん》のたけるにおいがぷーんと入ってきた。とたんにおっちゃんの頭に体じゅうの血《ち》が集まったみたいにかあっとなってな、ふとんをふっとばして茶《ちゃ》の間《ま》にとびこんだ。見ると、ストーブは真《ま》っ赤《か》になって、その上のご飯がまの厚《あつ》い木ぶたがプーカプカ、ゆげで上がったり下がったりしている。すきまから流れでた白いしるを、ストーブがこがして、いいにおいをさせてるんだ。おっちゃんはもうめちゃくちゃわめいたさ。

「おーっ、札《さつ》は、札はどうした! ばかーっ、ばかーっ、……。」

おっかやんのほうはわけがわからずぽかーんとしとったが、ようやく話がわかると、体の血がすーっとなくなったみたいにぺたっとこしをぬかしてしまったと。

この日の朝、おっちゃんの家の飯《めし》は日本一高いものについたっちゅう話だ。

鳴海トヨ伝　文・蒲田　順一

注　※仲買人《なかがいにん》＝売る人と買う人の間に立って、手数料《てすうりょう》をとる人のこと。

二　札《さつ》をぶっこまれた銀行《ぎんこう》

日本一高い飯の話は近所で評判《ひょうばん》になってな、

「はんかくさい《（ばかみたいな）》やつだよ。おれはそんなことせんぞ。」

と、みなが気をつけるようになった。

今度は、隣《となり》のおっちゃんがハッカの代金を受け取りに、町へ出かけた。やっぱり、生まれて初《はじ》めてたくさんの札たばの山を**手にして**、どきどきしたけど、

――おれはストーブでもやすようなはんかくさいことはせんぞ。

と、自分に言い聞かせながら馬に乗り町を通った。

町のにぎやかな通りには、ついこの前できた銀行《ぎんこう》ちゅう、りっぱな建物《たてもの》が目についた。隣のおっちゃんは、いつか誰《だれ》かが話していたのを思い出した。

「使わない金があったら、銀行ちゅうとこの窓《まど》さぶっこみゃ《（窓口にあずければ）》、国さなくなるまで《（国がほろびなければ）》、いいあんばい《（安全で利子もつく）》さ。」

とな。

――そうだ、この札《さつ》たばば家に置《お》いて心配するより、銀行《ぎんこう》にぶっこめば安心だ。

と思ってな、隣《となり》のおっちゃんは馬の背《せ》で胸《むね》はって、パッカパカと銀行のそばに近づいた。

ちょうど窓があいていたので、おっちゃんは、

――ははー、この窓から札《さつ》をぶっこめばいいんだな。

と思って、馬に乗ったまま腹《はら》まきから札たばを取り出して次から次と投げ入れたんだ。

中にいた銀行員《ぎんこういん》はびっくりしたさ。はじめうろうろしていて外へ出たのがちょっとおそかったんだな。誰《だれ》がこんなことをしたかわからない。

ところで、隣《となり》のおっちゃんのほうは馬の背で胸はって、

――銀行ちゅうもんがあるのを知ってりゃ、ストーブでもやさなくてもすんだのに、物を知らんって、かわいそうなもんだ。

と思いながら、パッカパカと村に帰ったそうだ。

文・石川　茂

三　お札《さつ》の虫《むし》ぼし

こんなハッカの大金を手にして、次々と変《へん》なことが起《お》こるうわさが広まったもんだから、

——おれはそんなはんかくさいことせんぞ。と気ばるのがふえてな。

あるハッカ農家《のうか》のおっちゃんは、

——札たばば、うちに置《お》いとけば、焼《や》けたり、とられたりであぶなくてしょうがねえ。郵便局《ゆうびんきょく》にあずけても、もえれば元《もと》も子もなくなるちゅうこった。まあ、人にまかせず、おれの体につけとるのがいちばんいい……。

と考えてな、たくさんの札《さつ》たばを古新聞《ふるしんぶん》に包《つつ》んで、それをふろしきにくるんで背中《せなか》にしょって、その上に着物《きもの》をきていたのさ。どろぼうが来たら追いまくってやるべと、鉄ぽうもにぎって、毎日毎日夜も昼も目をぎらぎらさせているうちに、仕事も手につかんようになってな。

なんしろハッカの金は全部自分だけのかせぎと思っとるだけしまつが悪い。おっかやんや息子《むすこ》にはさっぱり分《わ》けまえがこない。そこで二人《ふたり》は相談《そうだん》して、おっちゃんをだましにかかった。

「おっちゃん、年がら年じゅう札を背負《せお》っとるとかびが生《は》えんか。たまにおてんとさまにかわかしたらどうじゃ。」

「それももっともだ。手伝《てつだ》ってくれるか。」

と、一年あまりはだにつけっぱなしの札をようやくはなしたとさ。

二人はふろしきをといて、新聞紙をはずしてみると、札たばは水気《みずけ》でびっしょりで、ぺたぺたにくっついているんで、豆通《まめとお》しのかなあみの上に一枚《まい》一枚はがしながら並《なら》べてかわかしたそうだ。そのうちに、

「この分はおれたちのかせぎ分にもらっとくべ。」

と、いくらかくすねておいて、あとは知らんぷりして、かわいた札をまたたばねて、

「おっちゃん、大事にかかえていなよ。」

と、背負わせているうちに、札はどんどん減《へ》ってしまったという話だ。

鳴海トヨ伝　文・蒲田　順一

石がもえた

松《まつ》つぁんは、鉄ぽううちの名人である。

「クマうちだば、松つぁんにゃ、誰《だれ》もかなわねえべ。てえしたうでだも。」

鉄ぽううちの仲間《なかま》でも、松つぁんのうでまえは評判《ひょうばん》だ。

酒好《ず》きな松つぁんは、いい気持ちになると、きまってじまんする。

「おらのクマうちだば、アイヌの人たちだって、とてもかなわねえって、そんだふうにいっとるべ。うそだっておもんなら《(思うなら)》きいてみねが。おら、うそっこいわねえぞ。」

と、松《まっ》つぁんにさんざんじまんされてしまうのだ。

でも、ほんとうのことだから、鉄ぽううちの仲間《なかま》たちも、

「松つぁん、わかった、わかったてば……。」

となだめて、松つぁんのじまん話をやめさせるよりしかたがなかった。

それでも松つぁんは、みんなからとても好《す》かれていた。酒がはいるとクマうちのじまん話をするが、ふだんは仲間のめんどうをよくみてやり、他人《たにん》には親切《しんせつ》だった。

松つぁんは、その日も山へでかけた。

朝早く鉄ぽうをかつぎ、もう山ブドウの葉などはまっかな色にそまっている山を見ながら、歩きつづけた。

山のふもとについた松つぁんは、背《せ》たけよりも高いクマザサをおしわけながら、その山をの

ぼった。

やっと山のてっぺんまでのぼり、一息《ひといき》をついた。さすが、つかれるものだと思いながら松つぁんはこしをおろした。

こしをおろして、あたりを見まわした松つぁんは、はっと目をすえた。

シカの足あとがあるのだ。

「しめたぞっ。」

山をのぼったつかれはすっかりわすれて、シカの足あとをおいかけた。

しばらく足あとをおいかけたのに、どうしてもシカの姿《すがた》をみつけることができなかった。

気がついたころは、もう日は西の山にしずんでいた。これから家へ帰っても、おそくなってしまう。松つぁんは、こん晩《ばん》はここらで野じゅくすることにした。

岩かげに、いそいでかれた木のえだを集めた。ひと晩《ばん》じゅう火をもやさないと、寒くなるきせつだから、かぜをひいたりしたらたいへんだ。

腹《はら》もへった。食べるしたくもしなければと、谷川までおりて、水をくんできた松つぁんは、もえているたき火を見てびっくりした。

「あれれっ、石がもえている！」

なべをかけるのに、たき火の外がわに、黒い岩石を立てておいたのに、火がついてもえているのだ。黒いけむりと青いほのおを出してもえている。

石がもえるなんて、今まで聞いたこともない。

「キツネに、だまされたんでねえべか。」

なおよく見ると、立てかけた黒い石からみんな黒いけむりと青いほのおが出ているではないか。

松《まっ》つぁんは、すっかりうす気味《きみ》わるくなってきた。

「こりゃ、野じゅくどころじゃねえ、村さ、いっこくも早くもどるべ。」

松つぁんは、鉄ぽうを片手《かたて》に山をくだった。

山でふしぎなことがおこったら、どんな場合でもいそいで山をおりろ、という仲間《なかま》の約《やく》そくもあったし、うす気味もわるいので、いそいで山をおりて帰った。

うす気味はわるかったが、松つぁんはその黒い岩のかけらを、二つ三つひろって、ふくろにほうりこんで持って帰った。

家に帰ると、ものもいわずふとんにもぐりこんでしまった。

松つぁんが、何もえものをとらず、帰るとすぐふとんにもぐってねている、といううわさが鉄ぽううちの仲間の耳にはいった。

「松つぁん、山でキツネかタヌキにばかされて、石がもえたというでねえか……。」

このうわさを耳にしたある人が、松つぁんの家へやってきた。

「松つぁん、石がもえたというのは、まちがいじゃなかべ。」

「おら、うそっこなんか、いわねえぞ。ほんとに石さ火がついてもえたんだ。お、そんだ。おら、帰るとき、石のかけらをふくろにほうりこんだ。まだあるべ。」

松つぁんがふくろの中から出した黒い岩石のかけらを見たその人は、

「松つぁん、石狩《いしかり》の役所《やくしょ》の荒井《あらい》さんという人が、こういうことはくわしいそうだ。調《しら》べてもらったらどうだね。」

つぎの年、雪がとけるのをまって、松つぁんは黒い石のかけらをふくろに入れて、石狩の役所へ出かけた。石狩まで行くのに、ずいぶん苦労《くろう》してやっと役所についた。

「ちょっと、荒井さまにお目にかけたい物がありますで、今持ってまいりましたで。」

雪どけ道のどろんこで、きている服《ふく》もすっかりよごれた松つぁんを見て、役所の人は言った。

「なに、荒井さまにお目にかけたい物？　なんだと、もえる石？　たわけた（ふざけた）ことをぬかすな、石がもえるか！」

大声で松《まっ》つぁんをどなりつけるのが、耳に入ったのだろう。

ひとりの上役《うわやく》らしい人がでてきた。

「いま、耳にしたのだが、もえる石だと。」

「へえ、この男がそんな大ぼらをぬかすもんで、いましかりつけていたところです。」

「どれ、その石を。」

黒い石をていねいに見ていた役人は、何かじっと考えていた。

やがて、松つぁんに黒い石のあった場所やようすをくわしく聞きはじめた。

「松つぁん、とか申したのう。よく知らせてくれた。礼《れい》をいうぞ。わしにもよくはわからないが、この石は、西洋《せいよう》でコールといっている石にちがいないと思う。もえる石なのだ。木や炭《すみ》よりも何十倍《ばい》も火の力がつよいということだ。松つぁん、たいせつなものを見つけて

くれて、礼をいうぞ……。」

松つぁん――ほんとうの名まえは近藤松五郎《こんどうまつごろう》といった。シママップ(今の島松《しままつ》)に住んでいたので、鉄ぽううちの仲間《なかま》には、シママップの松《まつ》とよばれ、鉄ぽううちの名人といわれたぐらいのうでまえだった。

この話はポロナイ(今の幌内《ほろない》)で石炭《せきたん》がみつけられたときの話で、松つぁんはこのためにお金をもうけたこともなく、りょうや農業《のうぎょう》をして、一生をすごしたという。

文・大西　泰久

カボチャ黄疸《おうだん》

開拓《かいたく》が始まって十年、二十年とたちました。

しかし、まだまだ食事などは今とちがってまずしいものだったのです。

お米だけのご飯《はん》などは、めったに食べることがありませんでした。

よほど、くらしのよい家でも、お米と麦が半《はん》半《はん》ぐらい（お米が五分《ぶ》　麦が五分の割合《わりあい》）のものや、菜《な》めしといって、お米と麦に、ダイコンの葉をきざんで入れたものや、イモの雑《ぞう》すいなどでした。

それだけに、どこの家でも、秋になると、カボチャがご飯のかわりだったのです。

朝もカボチャ、昼も晩《ばん》もカボチャ、そして三時のおやつもカボチャでした。

毎日、毎日、カボチャを食べているうちに、だれかれの区別《くべつ》なく、黄疸《おうだん》※にかかったように、みんなが少しずつ黄色くなってきました。そのうちに、下着につくあせにも色がつくのか、下着もだんだん黄色くなってくるのでした。

ある日、子どもたちがあつまって、誰《だれ》がいちばん黄色くなったかくらべてみることになりました。

「太郎《たろう》ちゃんが黄色い。」

「いや、次郎《じろう》ちゃんのほうが黄色い。」

「千代《ちよ》ちゃんがいちばんだ。」

などといいながら、くらべることになりました。

ぐっと手をにぎりしめて、ゆっくりとひらくと、その黄色さがよくわかるので、みんなでくらべてみました。

「みんな黄色いや。でも、次郎ちゃんのは黄色でなくて黒いや。」

というと、次郎ちゃんは、ペッペッと手につばをして、ごしごしと着物にこすると、またくらべてみました。

しかし、誰の手のひらも黄色なので順番《じゅんばん》がつきません。

「今年はみんな同じくらいカボチャを食べたんだね。」
ということになりました。

そんなあそびをしているうちに、山ブドウも、コクワの実《み》もなくなり、木の葉もすっかり落ちて、ちらちらと雪が降《ふ》る季節《きせつ》になってきました。

そのころになると、もうどこの家にもカボチャがなくなりました。

今度はゴショイモ※がご飯《はん》のかわりになりました。

朝も、昼も、晩《ばん》もゴショイモばかりでした。

夜なべ《(夜にする仕事)》をして、おなかがすけば、炉《ろ》の中で焼《や》いていたイモをほり出してたべるのでした。

こうしてゴショイモをたべているうちに、黄色くなったはだも、手のひらも、だんだんに色がうすくなってくるのです。

そして、雪のとける春になるころは、村の人びとはみんなふつうのはだの色よりも、もっともっと、白くきれいなはだになるのでした。

文・伊東　博

注　※黄疸《おうだん》＝肝ぞうの病気。からだじゅうが黄色くなる。

※ゴショイモ＝ジャガイモ。開拓《かいたく》のはじめ、種イモから新しいイモが五升《しょう》分(八キログラムぐらい)とれたので、この名がついた。当時の主食《しゅしょく》でもあった。

電燈《でんとう》のつきはじめたころ

わたしが電燈《でんとう》というものをはじめてみたのは札幌《さっぽろ》でしたが、いなかから出てきた者にとっては、その明るさと便利《べんり》さは、きものつぶれる《（とてもおどろく）》思いでした。そのころ、会議《かいぎ》のため札幌に出てきて、やどにとまりましたが、つれの友だちが、さっそく、たばこに火をつけるため、キセル※を電球《でんきゅう》にこすりつけて、火のつかないのをふしぎがりましたし、わたしも、『電燈の消えるようす』がみたくって、暗いうちから起きだして、朝の電燈のきえるのを、いっしょうけんめいに、まったものでした。

故簗瀬仁右衛門伝　文・簗瀬　秀司

注　※キセル＝きざみ煙草《たばこ》をつめて火をつけ、その煙《けむり》を吸《す》う道具。

病気《びょうき》たいじ

北海道《ほっかいどう》がまだ「えぞ地《ち》」と呼《よ》ばれていたころの話。

箱館《はこだて》(今の函館《はこだて》)の役人《やくにん》は、えぞ地に流行《りゅうこう》している病気《びょうき》を、一日も早くなくしたいと考え、その予防《よぼう》に出かけた。

うわさによると、病気にかかったものを、病気の神にとりつかれたのだと考え、山へすててきたり、その家に火をつけて焼《や》いてしまうというのだ。家を焼くと病気の神も焼けてしまうと思っているのだ。

役人はびっくりしてしまった。どうにかして、そんな考えをなくしたいと考えた。医者《いしゃ》と薬箱《くすりばこ》を持った人たちが、交通不便《こうつうふべん》なえぞ地のおくへむかって出発した。

海岸を歩いたり、がけ道を通ったり、とちゅうで道にまよったりしながら歩いた。一行《いっこう》はやっと小さな村にたどりついた。

この小さな村には、四、五十人の人が住んでいるはずだが、村には人っこひとりいなかった。

——どうしたことだ。誰《だれ》もいないとは？　医者はふしぎに思った。

村のようすを調《しら》べていたものが、急いでやってきていった。

「わかりました。みんな山の中へにげこんでしまったということでございます。病気をなくそうと思ってきたわれわれを反対《はんたい》に病気の神をつれてきたと信《しん》じているようすでございます。」

と。

そのころえぞ地では天然痘《てんねんとう》が流行してたくさんの人が死んでいった。悪い病気の神のせいだと信じている村の人たちは、村の入り口に大きなあみをはった。あみをはったら、病気の神が入れないと信じていた。それでもつぎつぎと死んでいった。全めつした村もあった。

みんな集まって相談《そうだん》をした。

病気の神が村に入ってこないようないい考えはないか。

ひとりの老人がいった。

「病気の神は、人間にだけ病気のたねをふりまくんじゃ。わしらが人間でないようにみせかけたらどうじゃ。」

「どうすりゃいい？」

「わしらの顔を、黒くすりゃ、病気の神はわからんじゃろう。」

みんな顔を真《ま》っ黒《くろ》にした。それでも、つぎつぎと死んでいった。

また、全めつした村もあった。

そんなときに、医者《いしゃ》たちがやってきたのだ。

医者たちは山の中へ入っていった。

顔を黒くぬった村の人たちは、おどろいてにげていった。

「おーい、わしらはおまえたちの病気をなおしにきたんだ。」

いっしょうけんめい話して聞かせた。

さいしょ、子どもたちが寄《よ》ってきた。ふだんあまりよその人を見たことのない子どもたちは、薬箱《くすりばこ》を背負《せお》った人や、馬ににもつをつんだ人がめずらしかったからだ。

子どもたちと仲《なか》よくなったようすをみて、山へにげこんだ村の人たちが、一人《ひとり》、二人《ふたり》山からでてきた。みんなでてきたころ、医者は病気の話をやさしくおしえた。

「これはな、おそろしい病気なんじゃ。だれか一人これにかかると、つぎつぎみんな死んでしまう、それはそれはおそろしい病気なんじゃ。」

医者の話がやっとわかった。

医者はひとりひとりに、腕《うで》にほうそう※をうえた。おわったものには、ほうびをあたえた。それからはもう、山へにげこむものもいなくなったし、あみもはらなくなった。

このうわさを聞いたほかの人たちも、安心してほうそうをうえたという。悪い病気の神のしわざだと考える人も、いなくなった。

それからというものは、この病気にかかるものはいなくなったという。

文・大西　泰久

注　※ほうそう=天然痘《てんねんとう》のこと。伝染病《でんせんびょう》の一種《いっしゅ》で、この病気にかからないようにするため、あらかじめ弱い病原体《びょうげんたい》を注射《ちゅうしゃ》などで体内に入れて、病気に対して免疫《めんえき》ができるようにする。

ネズミとヘビと大ブキ

松前《まつまえ》の上磯《かみいそ》の沖《おき》、江差《えさし》から七十キロ北の海上に、奥尻《おくしり》という、まわり八キロメートルほどの島があります。

島には、あらしをさけるにつごうのよい港《みなと》がところどころにあって、東がわがしけるときは西がわへ、西がわがあれるときは東がわへと、ひなんすることができます。それで、ここですくわれた船の人たちは、この後《あと》の船のために、米やなべ、火うち道具《どうぐ》までもそなえつけて、難《なん》破《ぱ》しかけた船や、風や潮《しお》におし流された船、行き先をまちがえた船などが、この島に船をよせ、いかりをおろして、よいなぎになるまで命《いのち》ながらえることができるよう、したくをし、特《とく》に米をつんで来た船には、必《かなら》ずこの地に米をたくわえさせたといいます。

むかし、この島には、ネズミとヘビだけがすんでいたといいます。ヘビの多い年は、ネズミがヘビにくわれ、ネズミの多い年は、ヘビがネズミにくわれたそうです。

ここに集まるネズミの走る音は、ちょうど群《む》れをつくってとび立つ鳥の羽音《はおと》のようにすさまじいものだったそうです。

そして、潮がひくと、海岸の岩についている貝類《かいるい》を、ネズミがよってたかってひっぱがし、山にかつぎあげ集まってくい、それがなくなると木の根、草の根をほってくいつくしたそうです。それればかりか、島じゅうにはえていた、たくさんのシノ竹や、木々のえだ先《さき》まで、びっしりとのぼって、もりもりとくいつくし、食物がなくなると、こんどは、ネズミどうしが共《とも》ぐいをしてあばれ、その音は、山にひびき、海にひびいてすさまじいほどだったそうです。

ヘビもここにすんでいますが、こんな年は、ネズミにくいつくされ、穴《あな》ごもりしているのまでもほりかえされて、くわれてしまうのだそうです。

ある時、この島の近くで船がひっくりかえり、その船にかわれていたネコが二匹《ひき》、ようやく板子《いたこ》にのり、ただよって風にふきよせられ、この島に流れついたそうですが、たくさんのネズミに追《お》われて、おじけおそれ、海岸の岩の上までにげのびましたが、それからは海に入ったものか、みえなくなってしまったということです。

だから、船をとめていても、おそろしいのはこのネズミで、ひとり、ふたりではとても住む気にはなれないと、漁師《りょうし》が語《かた》っていたそうです。

またこの島には、大きなフキがはえていたそうで、たけが五、六尺《しゃく》（一尺《やく》は約三十センチメートル）と高く、くきは五、六寸《すん》（一寸は約三センチメートル）、葉の長さは、五、六尺で、この下にかくれると、雨露《あめつゆ》をふせぐことができたといいます。霧《きり》さえも下にもらないので、下草《したくさ》は少しもなく、竹やぶの中をわけていくような思いがしたそうです。

菅江真澄「蝦夷《えみし》のさえぎ」より
再話・簗瀬　秀司

灰《はい》の中の砂金《さきん》

もうずいぶん前の話である。

ニシンがとれなくなった北の海は、火の消えたようなさびしい日がつづいた。

海べの村では、職《しょく》をもとめて村から出てゆくものが日ましにふえ、村には老人《ろうじん》と子どもばかりが残《のこ》った。

村はひっそりとしてしまった。

海岸には、こわれた船がうちあげられて、波だけが音をたてていた。

そんなある日、村を流れている川の上流で砂《さ》金《きん》が見つかったといううわさがたった。

「砂金《さきん》って、どんな金だべ。」

「おめえ知らねえのか？　米つぶぐらいの大きさで、米が何俵《なんびょう》も買えるっていうで。」

「そげに、値《ね》うちさあるものか！」

うわさは、どんどん広まった。

村から出ていった人々が、どんどん村に帰ってきた。村に砂金が出るといううわさを聞いて、みんな帰ってきたのだ。砂金ぼりに行ったほうが、ずっともうかると考えたのだ。

村は砂金の話でもちきりだった。

朝早くから、人々は川をのぼっていった。砂金ぼりの道具《どうぐ》を背中《せなか》にせおった姿《すがた》が、川にそって一列《いちれつ》につづくようになってきた。おくへおくへと、人々は先をあらそってすすんだ。村で見かけない人々がたくさんやってきて村の宿屋《やどや》にとまりこんでいた。

宿屋もあちこちに新しいのが建《た》った。宿屋だけではなかった。酒《さけ》を売る店、食べ物を売る店など、いろいろな店が何げんもできた。

砂金を多く見つけた人々は、酒をのみ、ごちそうを食べ、にぎやかな夜をすごした。

いくらでも砂金があると考えている人々は、砂金を売って手にした大金を、一晩《ばん》でほとんど使ってしまった。

一晩で使っても、すぐまた砂金をほり出すことができると考えていたのである。

くる日もくる日も、村はにぎやかな夜がつづいた。あっちこっちの店で、酒もりをはじめる人々や、さわぎまくる人々で村の中は大さわぎであった。

茂吉《もきち》は母親と二人で村はずれに住み、母親は小さい小間物屋《こまもの》をひらいていた。

父が早く死んで、ほかの人のように砂金ぼりに行くこともできない茂吉は、小間物屋の手伝《てつだ》いをいっしょうけんめいにした。

ある日茂吉は、道ばたにすてられたワラジの底《そこ》に、きらりと光るものを見つけた。茂吉はその光るものを、ワラジの底からとって手のひらにのせてみた。

「これが砂金というものか！」

はじめて手にいれた砂金のつぶを、茂吉はしげしげとながめてみた。

茂吉は、はっといい考えを思いついた。そして、宿屋の前にすてられたワラジをひろい集めてきた。

「茂吉や、そんなワラジをどうするんで？」

ワラジをぶら下げて帰るのを見て、村の人はいった。けれど茂吉は、なんでもない顔をして、

「うん、おらの畑のこやしにするんだ、おらの畑、やせてるからよ。」

「へえ、かんしんだな。そのワラジにおめえのくそかけりゃ、いいこやしできるぞ。」

いくらからかわれても、茂吉はふりむきもせず、いちもくさんに家へかえった。

「茂吉や、そんなワラジをどうするんで？」

母親もおどろいていった。

「おっかあ、いいことがあるんだ。」

「そんなきたないワラジに、何がいいこともあるもんか！」

しかし、茂吉《もきち》はワラジをつんで火をつけた。つぎからつぎと、ワラジを火の中に投げこんだ。

母親は変《へん》なことをする子だと思っていた。

しばらく茂吉はワラジをもやしていたが、や

がて集めてきたワラジがなくなると、茂吉はそっと灰《はい》を見つめていた。

「あるある！」

ワラジの灰の中に、砂金《さきん》が残《のこ》っていた。母親はすっかりびっくりしてしまった。

「茂吉……。これがうわさの砂金か！」

茂吉の手のひらには、十つぶほどの砂金が光っていた。

それから、茂吉は毎日すてられたワラジをひろい集めては火をつけてもやした。もえたあとの灰の中から、茂吉は砂金をひろい集めた。

そのうち、すててあるワラジもなくなってきた。宿屋《やどや》にとまりこんでいた見知らぬ人たちも、だんだん姿《すがた》を消した。

川に砂金がなくなったのだった。

砂金ぼりに来た人たちは、たいてい金を使いはたし、もとの姿でどこかへ帰っていってしまった。村はまたもとのさびしい海べの村になってしまった。

新しく建《た》てられた宿屋も、空《あ》き家《や》になってがらんとしていた。新しくできた店も、いつのまにか店をたたんでからっぽになった。

茂吉母子も、村人の知らないうちにどこかへ引っこしてしまった。

よその町で、大きな小間物屋《こまものや》を開いているといううわさを、誰《だれ》かが聞いたというが、それもはっきりしない。

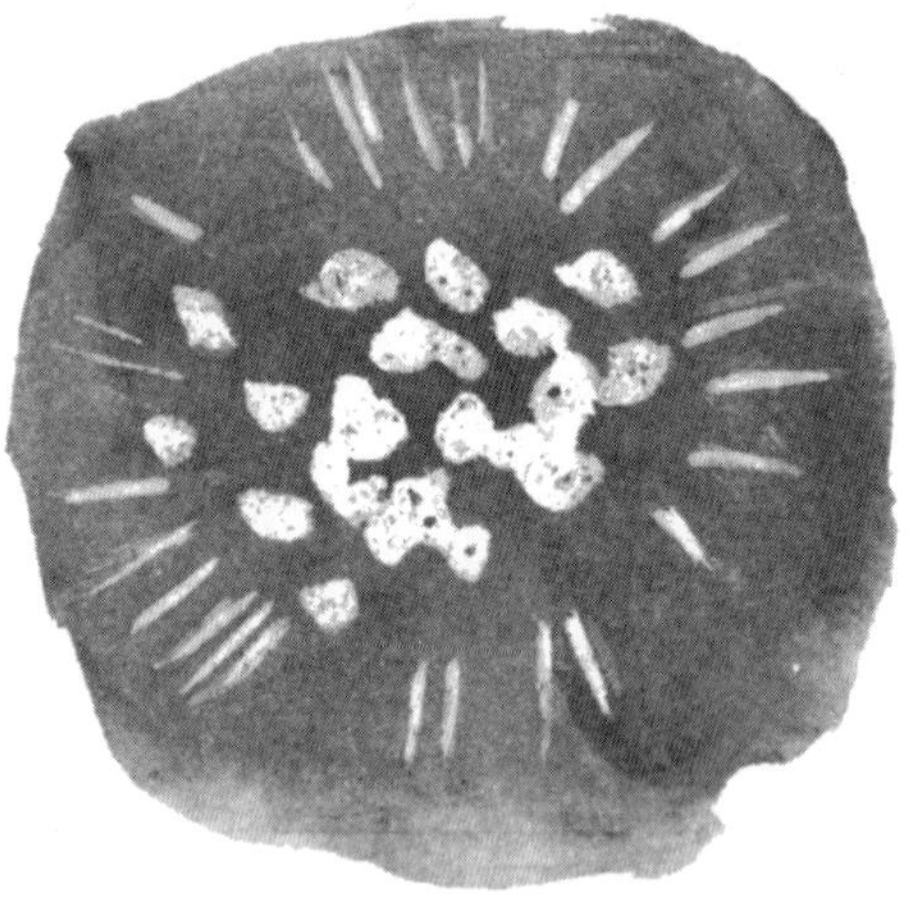

この北の海べの村は、むかしと同じように、今もさびしい村である。むかしのままであるという。

ときどき村の年よりが、むかしの砂金《さきん》ぼりの話をするだけである。

文・大西　泰久

むかしむかしの たのしい話

いつの時代にも、おもしろいことを考える人や、こっけいなとんち・だじゃれが好きな人がいるものです。この「むかしむかしのたのしい話」の前半には、北海道の道南地方に住んでいたといわれる『繁次郎《しげじろう》』のお話が続いています。お話自体のおもしろさもさることながら、お話のところどころに見えかくれする人々の生活のようすにも目をむけてください。今の私たちの生活とは、ちょっと違《ちが》う荒々《あらあら》しさやのんびり感が見えてくるはずです。

後半には、北海道のある地方やある人物にまつわるお話、さらに北海道で古くから言い伝えられてきたお話が続いています。話の名残《なご》りが今の時代にも生き続けているお話、よく知られている昔話と話のあらすじが似《に》ているお話、奇妙《きみょう》なお話、力じまんのお話などなど……。人々の生活の様子や辺りの様子を想《そう》像《ぞう》しながら読んでみて下さい。北海道のとてつもない大きさや自然がいっぱいの素顔《すがお》をあらためて感じることができるはずです。

繁次郎《しげじろう》のとんち

むかし、追分節《おいわけぶし》で名高い江差《えさし》の町に、繁次郎《しげじろう》という人が住んでいました。

繁次郎がどこで生まれ、いつごろ死んだのか、また、どんな人だったのかくわしいことはわかっていませんが、ただ、福田繁次郎《ふくだしげじろう》という名まえで、泊村《とまりむら》の城《じょう》の口《くち》というところにながく住んでいたということは知られております。背《せ》が低《ひく》く、頭と目玉がとっても大きく、四十歳《さい》になっても、母と二人暮《ふたりぐ》らしで、あまいもの、お酒、なんでもござれの大飯《おおめし》ぐらいだったという話です。

なまけ者で、いくつも職《しょく》をかえて、どこに行ってもてあまし者でしたが、もちまえのとんちときてんで、よくばりの金持ちにいっぱいくわせたり、いばる人たちをぎゃふんとやりこめたりしましたので、町の人々からは、かっさいされ、親《した》しまれていました。

りくつにならないところにりくつをつけるのがおもしろかったので、繁次郎《しげじろう》のいなくなった後々《のちのち》まで、こうしたことを町の人々は、「それは繁次郎だ。」というようになりました。

道南《どうなん》地方には、繁次郎のおもしろい話がたくさん残《のこ》っています。

一　頭も名人

「おれはニシンつぶし※の名人だ。」

というふれこみで、やとわれたものの、さっぱり働《はたら》かない繁次郎《しげじろう》に腹《はら》をたてた親方《おやかた》、このホラふきの繁次郎をぎゅうとっちめてやろうと、大《おお》だるにいっぱいニシンを入れて、繁次郎を呼《よ》び出し、

「さあ、繁次郎、おまえはニシンつぶしの名人だとじまんしているが、今日《きょう》はひとつそのうでまえを見せてもらおう。このたるのニシンをつぶすことができたら、全部おまえにくれてやる。」

困《こま》った顔をするかと思いのほか、繁次郎けろりとして、

「よし親方《おやかた》、ニシンをつぶせばいいんだろう。よーく見ててくれ。」

白はちまきをきりりとむすび、片《かた》はだぬいだ繁次郎、たるのふちをたたいて、大声で、

「さあさあ、みんな集まれ、集まれ。」

と、人を呼び集め、ころあいを見はからつて繁次郎、

「これからニシンつぶしの競争《きょうそう》だ。つぶしただけは、みんな自分のものだ。さあ、かかれ、かかれ。」

と、たるのニシンをつかんではなげ、つかんではなげしたので、集まった人たちはキャアキャア大さわぎしながら、われさきにと、つぶしだし、みるみるうちにたるの中はきれいにからになってしまった。

いっぱいくわされたと、くやしがる親方の前で、繁次郎、

「親方、おれはニシンつぶしも名人だけど、頭のほうも名人だね。」

築瀬快二伝　文・築瀬伊兵衛

注

※ニシンつぶし＝とれたニシンの腹《はら》をさいて、中のものをとり出し、カズノコやシラコをえりわけ、魚体は身欠《みが》きにまわす作業。「ネコの手も借りたい。」といわれた。いそがしいニシン場《ば》では、このつぶしの数多くできる人がもてはやされ、高い賃金《ちんぎん》でひっぱりだこだった。

二　家宝《かほう》のハラワン

暮《く》れもおしせまって、借金《しゃっきん》の取《と》りたてがきびしくなってくると、ふだんのらりくらりの繁《しげ》次郎《じろう》もだんだん心配《しんぱい》になってきた。

ことに、

「おれの家には先祖《せんぞ》から伝《つた》わった宝物《たからもの》―家宝《かほう》―があるから、いくら借《か》りてもだいじょうぶだ。心配するな。」

と、けむにまいていただけに、どうやって借金取りを追いはらうかと四苦八苦《しくはっく》。首をひねっ考えたすえ、ポンと手《て》をうって、

「これは迷案《めいあん》、名案《めいあん》。」

さて大《おお》みそか。ふだんえらそうな口をきいている繁次郎《しげじろう》を、今日こそとっちめてやろうと、のりこんだ借金取り、

「繁次郎、いるか。」

と戸をあけると、頭にはちまきをし、着物《きもの》の前をひろげて、腹《はら》をつき出して繁次郎がすわっている。よく見るとへその上におわんを一つのっけているではないか。

「借金はどうしてくれる。家宝《かほう》はどこだ。」

とさけぶと、

「これだ、これだよ。」

という。

「これとはなんだ。」

と聞くと、

「これ、腹《はら》の上のわん。ハラワン、ハラワン。借金はハラワンという家宝だ。」

矢代旅館祖母伝　文・簗瀬伊兵衛

三　畑には家は建《た》てられない

繁次郎《しげじろう》、ある家をたずねていくと、「いろり」の灰《はい》にイモをうずめて、たき火でほっかかりやいている。

おいしそうなそのにおいをかいだ繁次郎、のこのこと上がりこみ、いろりの前にどっかとすわりこんで、さて家人《かじん》にいうには、

「こんど、おれは家を建《た》てることにした。まあ聞いてくれ。土地はだいたいこのぐらいの広さだ。」

と、いろりの大きさをさして、さて、火ばしをとって灰《はい》の上に線をひいて、

「ここのところに、まず柱を一本立《た》てる。」

ブスッと灰の中に火ばしをつきたてると、灰の中のイモにつきささった。繁次郎《しげじろう》、その火ばしを手にとって、

「あれ、柱を立てたら、土台《どだい》にイモがうまっていた。あぶないからとってしまおう。」

と、これをとってかわをむいて、ムシャ、ムシャー。

「そのつぎに、ここに、柱を立てる。」

と、火ばしをブスリ。またついてきたイモをあぶないからといって、ムシャ、ムシャ。

さて、

「ここにも柱だ。」

ブスリ。ムシャ、ムシャ。

「ここにも柱だ。」

「ここにも柱だ。」

ブスリ、ブスリと、いろりじゅうのイモのうずめてあるところに火ばしをつきたて、イモを全部たべてしまってから、さて、

「せっかく家を建てようとしたが、柱の下にイモがあるのではあぶなくて家が建てられない。ヤーメタ。」

と言って、口をふきふき出ていった。

簗瀬快二伝　文・簗瀬伊兵衛

四　借《か》りた物を返すときは

よその家へ、いきなりとびこんだ繁次郎《しげじろう》。その長い通し庭のすみの方をゆびさして、

「この土間のすみっこ、ちょっくら貸《か》してくれ。」

家人ふしぎそうな顔で、

「ああいいとも。つかってくれ。」

繁次郎、いきなり着物のすそをまくりあげ、しりをつきだして、わりわりとウンコをひりだした。

家人《かじん》ぎょうてんして、

「あれ。繁次郎、なんてことをするんだね、この人は。」

とさけぶと、繁次郎すまして、

「借《か》りた物をかえすときは、お礼になにか物をつけてかえさなくては、申しわけながべさ。おれは、なんにもないから、せめてわずかだが、これ(ウンコ)をつけるさ、どうも、はあおおきに、おおきに。」

故簗瀬アサ伝　文・簗瀬　秀司

五　火がもえている

夕暮《ぐ》れの町に、クリをにるうまいにおいがぷんぷん。腹《はら》ぺこで通りかかった繁次郎《しげじろう》、いきなり大きな声で、

「そこらだ《そのへん》火がもえている。火がもえている。」

びっくりしてとび出してきた人々、

「火事はどこだ。」

「火事はどこだ。」

と大さわぎ。

火元がわからないので、繁次郎をといつめると、

「おれは、そこらだ火がもえている、と言っただけだ。」

「そこらだとは、どこだ。」

「そのなべの、クリの下だ。」

……そしてうまくクリにありついたとさ。

本間善松、本間キサ、本間リサ、梅津惣平伝　文・本間　エミ

六　死んだ馬が草をくう

ハアハア息をきらしてかけてきた繁次郎、出あいがしらの男をつかまえて、大声で、

「おい。死んだ馬、草くってるぞ。」

男、驚《おどろ》いて、

「ばかなことを。死んだ馬、草くってたまるか。」

繁次郎、

「ほんとだてば。うそだと思うならかけるか。」

男、

「よし、かけをする。」

こうして二人《ふたり》のあとに、大ぜいの人がぞろぞろとついて、馬の死んでいる草原にやってきました。

見ると、馬の死がいはもうくさっていて、そのにおいは、あたり一面にただよっています。

男、思わずはなをつまんで、

「この死んだ馬、くさくって、くさくって、たまらない。」

と言うのを聞いた繁次郎、

「おまえ、いまなんと言った。」

男、

「この死んだ馬、くさくって、くさくって。」

と言いかけると、すかさず繁次郎《しげじろう》、

「そーらみろ。おまえ二度まで、『この死んだ馬、草くって、草くって。』と言ったろう。このかけは、おれの勝ちだ。さあ出せ出せ。」

簗瀬快二伝　文・簗瀬　秀司

七　とうふとセンベイ

ある日、ぶらりと町へやってきた繁次郎《しげじろう》は若《わか》い者を集めて、

「どうだ、おめえたち、おれとかけをやる気はないか。」

ともちかけた。

若者たちは、たびたび繁次郎にはひどいめにあっているので用心《ようじん》して、

「また、いっぱいくわせる気だべ。」

と、なかなか話にのらない。

「ま、聞けてば、あのな、とうふ一丁《ちょう》ば、四十八に切って、一口ずつで食えるかどうか、ためしてみる気はないか、ということだ。」

「そったらこと、赤ビッキ(あかんぼう)でもできるべせ。」

「ほんとうだな、とうふ一丁を四十八に切って、一つずつ食うんだぞ、みごとに食った者には、一升《しょう》ふるまうべだが、もし食いきれなかったら、そいつは、おれに一升だすだぞ。」

そういうことで話がまとまり、酒一升のかけがはじまった。

とうふ一丁がまな板の上にのせられた。そこで、うやうやしく包丁《ほうちょう》を取り上げた繁次郎《しげじろう》は、まず、とうふのいっぽうをうすく一枚にけずり取り、その一枚を四十七に細《こま》かくきざんだ。そ

して、残《のこ》った大きなとうふと合わせて四十八のかたまりを相手《あいて》の若者《わかもの》の前にさし出した。

「さ、みごと一口ずつでマグラッて(食べて)みろ。」

さて、その若者、細かいほうのとうふは、あっというまに食べたが、残った大きいほうのは、どんな大口をあけても一口には食べることができずに、このかけは、繁次郎《しげじろう》の勝ちと決まってしまった。

ところが、このかけでいっぱいくわされた若者、なかまとありったけの知恵《ちえ》をしぼって、あることを思いついた。

そこで、さっそく繁次郎のところへ出かけていった若者は、

「きょうは負けねえぞ。さ、ここにあるセンベイ五十枚を三百までかんじょうする間に食ってみろ。もし、食えたら、おめの好《す》きなもの腹一杯《はらいっぱい》ごちそうしてやるわい。」

と、山もりのセンベイを繁次郎の前につきだした。

ちょっと考えていた繁次郎は、にんまりして、

「この勝負は、おれのものだ。」

と、手をもみもみ台所へいった。台所から持ってきたものは、スリばちとスリこぎである。その中に、若者が持ってきたセンベイをザーとあけると、粉々《こなごな》にして、水でこね、団子《だんご》をつくって、あっという間にたいらげてしまった。

中村純三「江差の繁次郎」より
再話・永田　元久

八　大飯《おおめし》ぐらいは身の毒《どく》

きこりになった繁次郎、れいによってなまけ者。なまけるわりに、たくさん飯を食う。あんまり食うのにあきれてしまった親方《おやかた》が、

「繁次郎や、ずんぶ(ずいぶん)食うなあ。したども(しかし)大飯《おおめし》は身の毒《どく》だぞ。」

と、文句《もんく》を言った。

繁次郎は、「はいはい」とかしこまって、はしをおいたのであるが、つぎの日から、繁次郎、山から運ぶまきが半分になってしまった。

不思議《ふしぎ》に思って親方が、

「なしてそったらべっこ(どうしてそんなに少なく)背負《せお》ってきた。」

と聞くと、繁次郎、とぼけた顔で、

「親方《おやかた》、大飯《おおめし》ぐらいは身の毒《どく》といったべさ。重荷《おもに》は背中《せなか》の毒《どく》だってばせ。」

中村純三「江差の繁次郎」より

再話・永田　元久

九　名船頭《めいせんどう》さん

むかし、北海道《ほっかいどう》の海岸は、春になるとニシンの群《む》れが産卵《さんらん》におしよせて、ニシンのうろこで沖《おき》のほうまで海の上がきらきら銀色《ぎんいろ》にひかっていたり、ニシンのオスが産卵期のときに出すシラコで海水が牛乳《ぎゅうにゅう》のようになったというお話が伝《つた》えられています。

繁次郎《しげじろう》はうまいぐあいにごまかして、漁《りょう》にはまったくのしろうとのくせに「船頭《せんどう》」ということで、ある漁場にやとわれたのでした。

ところが、網《あみ》のたても知らない繁次郎、ニシンがクキる（群れをなして来る）と聞いて大あわて。まわりの若いものをやたらにどなりつけ、手網《てあみ》（魚を誘導《ゆうどう》する網）をふつうとは反対の沖のほうへのばしてしまったのです。まわりのものが不思議《ふしぎ》そうな顔で、

「船頭さんよ。手網を反対のほうさ流して、どうする気だ。」

すかさず繁次郎、

「よけいなことしゃべるな。船頭には船頭の考えがあってのことだ。」

と、どなってはみたものの、心の中は、「しまった」と、冷《ひ》や汗《あせ》たらたら。

ところが、ところが。手網《てあみ》を沖《おき》にのばしていたため、陸のほうへ産卵《さんらん》におし寄《よ》せたニシンがそのまま網につっこんでしまい、おもしろいほどの大漁《たいりょう》になってしまったのです。

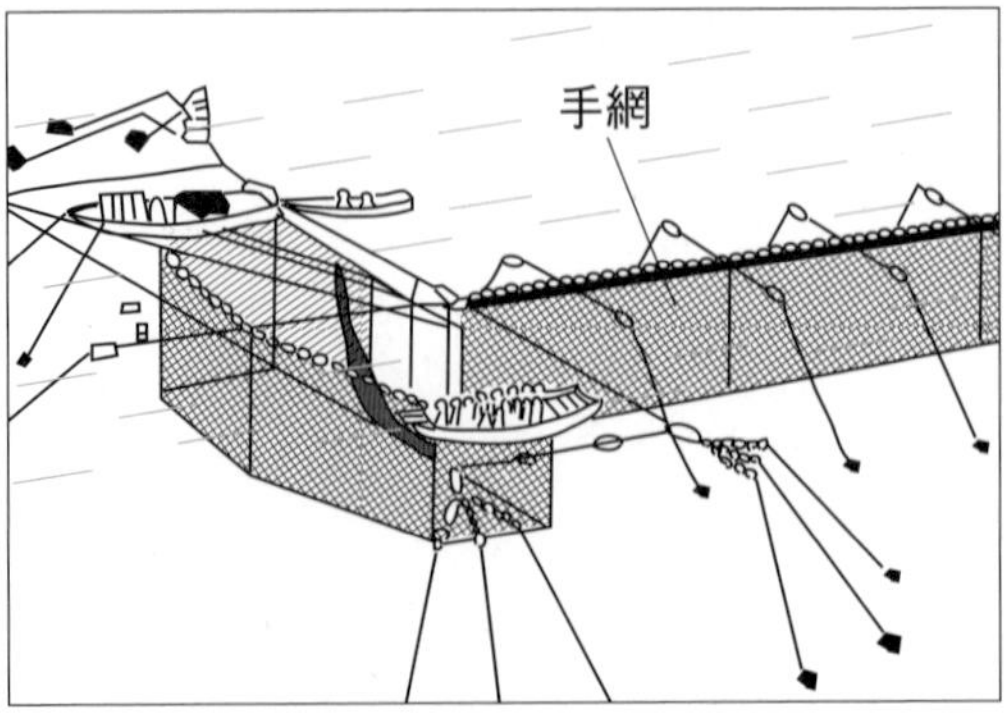

「さあ、ワク（魚を入れるふくろ）を回せ。」

という声が聞こえたが、繁次郎はワクというものの正体《しょうたい》さえ知らないインチキ船頭のこと、まあ、この場さえごまかせば、ということで、わけのわからないことをさけんで、そこらじゅうとんだりはねたりしていると……ドボーン、足をふみすべらせて海へはまってしまいました。若《わか》いものがあわてて助け上げようとすると、繁次郎、

「おれさかまうな。早くワク回せ。」

と、どなりつけ、ワクにニシンをおさめたころに、ゆうゆうと船に上がってきたのです。

そして、まわりの若いものに胸《むね》をはり、

「ニシンとりはな、自分《じぶん》の体《からだ》よりもニシンをたいせつにするものだ。おめえたちもおれみたいにニシンの神様《かみさま》になれば、このところがよくのみこめるかもしれねえが……。」

と、一席《いっせき》ぶったということです。

北海道《ほっかいどう》では、ニシン場のヤン衆《しゅう》（漁師《りょうし》）のことを「ニシンの神様」とか、「神様」とか呼《よ》んでいました。

中村純三「江差の繁次郎」より
再話・永田　元久

十　二十九と三十の話

これもニシン場での話。

ある日、ニシン場の親方が繁次郎《しげじろう》の顔をつくづくながめながら、

「おまえというやつは、食った飯《めし》がどこへ行くやら、まったくカンツケてるな（栄養《えいよう》が足《た》りず背《せ》がのびない）。いったいいくつになるのだ。」

と、からかった。

「取っても増《ふ》えるのは年だってば。去年より一つ取ったから二十九だ。」

「その体で二十九か。三十にもなっているのになあ。」

繁次郎、むきになって、

「二十九だってば。」

「んだしょ。まあまあ三十というところでねえか。」

というところでその場はおわった。

それからいく日かたったろうか、親方が繁次郎に、漁夫《ぎょふ》の米を三十俵《ぴょう》運んでくるようにいい

つけた。繁次郎いいつけられた米の俵《たわら》を一俵だけこっそり自分の家へ運んですましていた。あとで、親方が数えてみると一俵足りない。

「繁次郎、二十九俵《ひょう》しかないじゃないか。」

すました顔で、繁次郎、

「たしかに三十俵運んだで。」

「いやいや、なんぼ数えても二十九しかない。」

そこで、繁次郎、うでを組みながら、

「したども、この間、おらの年を聞いたとき、二十九と言ったら、もう三十だ、三十だ、と言ったけよ。したら、米も二十九あったら、もう三十俵だべよ。」

親方、あいた口がふさがらなかったという話。

中村純三「江差の繁次郎」より
再話・永田　元久

孝行《こうこう》もち

むかし、ずうっとむかしの話。

つけ木(今のマッチ)を売り歩くひとりの少年がいた。

「つけ木ー、つけ木ー、つけ木はいりませんかあー。」

ぼろぼろのきものを着た、つけ木売りの少年の売り声は、雨が降《ふ》っても風がふいても聞こえてきた。

少年はつけ木を背中《せなか》に、一本のつえをたよりに歩いた。目がよく見えないのだ。

「つけ木ー、つけ木ー、つけ木はいりませんかあー。」

少年の売り声は、山の中の村から村へ、そしてまた、海べの村から村へとわたっていった。ときには遠くのほうまで、つけ木売りの少年はでかけていった。

「あれ、木古内《きこない》のぼうが来たぞ、つけ木を買ってやろうぜ。」

つけ木を売る少年の声を聞くと、村人たちはどうしてか、ほっとするのだ。

孝行者《こうこうもの》の木古内のぼうが元気な声で売り歩くのを聞くと、村人たちは、じぶんの子どものように思ったからだ。

木古内のぼう――この少年は年とった父親と、ひとりの弟と三人で、函館《はこだて》に近い、木古内というところに住んでいた。

毎日つけ木を売り歩いて、年とった父親をたいせつにしたから、村人のうわさになり、いつのまにか「木古内のぼう」とかわいがられるようになったという。

「つけ木ー、つけ木ー、つけ木はいりませんかあー。」

少年は、毎日村から村へ、町から町へと売り歩いた。

「木古内のぼうだ。つけ木を買ってやろう。」

村人たちは、そのたびに買ってやった
木古内の里にも、秋の季節《きせつ》がやってきた。

野山の木の葉もすっかり落ちてしまった。

冬、春、夏、秋……また、冬、春、夏、秋とくりかえすうちに、どうしたのか、木古内のぼうのつけ木売りの声が聞こえなくなった。

「木古内《きこない》のぼうは、このごろ姿《すがた》を見せんのう。」

村人たちは心配《しんぱい》そうに話すのだが、姿を見せないわけを聞きにいくひまがなく、そのままになっていた。

それからしばらくしたある日、木古内のぼうはひっそりと死んでしまった。

ぼうが死んで五、六年すぎた。

大阪《おおさか》のある金持ちの家に、男の子が生まれた。

だが、どうしたのだろう?

生まれた男の子は手をにぎったまま、どうしてもひらかない。有名な医者にかかってもひらかない。あっちこっちと手をみてもらいに歩いても、どうしてもひらかない。どうしたものか、と男の子の家では頭をかかえてしまった。

ある日ひとりの旅人《たびびと》がたずねてきた。

「この子は、木古内のぼうの生まれかわり。ぼうの墓《はか》の土を手にぬれば手がひらく。」

と言って、どこかへ行ってしまった。

大阪の金持ちは、すぐ使いの者を木古内にやり、土をとりよせてきた。

「ほんとうに手がひらくのだろうか?」

「とにかく、土を手にぬってみよう。」

男の子の母親は、いのるような気持ちでぼうの墓の土を手にぬった。

「あっ、ひらいた、ひらいた。にぎった手がひらいた……。」

みんなうれし泣《な》きをした。

どんなに、うれしかったことだろう。

木古内のぼうは、大阪の金持ちの家に生まれかわったのだと、村人たちはみんなそう信じた。じぶんのことのように、みんなよろこんだ。

ぼうは死んでしまった。けれども、村の人たちの心には、いつまでもぼうは生きていた。

「もちー、もちー、孝行《こうこう》もちー。」

木古内駅に、汽車がとまると、孝行もちを売る声がホームに聞こえる。

ずっとむかし、木古内《きこない》のぼうが、

「つけ木ー、つけ木ー。」

と、売り歩いた声のように聞こえる。

まちの名物、孝行《こうこう》もちは、木古内のぼうの孝行ぶりから生まれたもちだ。

孝行もちが売られてから、もうずいぶん長い年月がたっているという。

「孝行もちください。」

汽車の窓《まど》からもちを買うお客が、だんだんふえてきたという。

木古内のぼうは、いまは小さな墓《はか》にねむっている。

「つけ木ー、つけ木ー、つけ木はいりませんかあー。」

と、毎日歩いたぼうは、小さな墓の中で、

「もちー、もちー、孝行もちー。」

という、駅の売り子の声を聞いているだろう。

文・大西　泰久

マメ一つぶ

あるいなかに、じいさんとばあさんがいたんだよ。物をだいじにする人たちでね、米つぶでも、マメ一つぶでも、

「もったいない、仏様《ほとけさま》からのいただき物だ。」

と言ってね、そまつにしなかったんですと。

あるとき、じいさんが庭をはいていたら、どこからかマメが一つぶころがってきたのでね、

「おや、もったいない。拾っておこう。」

と思って手をのばしたら、マメはそのまままころがって、ネズミの穴《あな》に入ってしまったと。

じいさんは、もったいない、もったいない、

と思いながら、そのネズミの穴《あな》をよいしょよいしょとほっていったんだよ。そしたら、ひろーい所に出てしまってね、マメは見つからないけど、そこにお地蔵《じぞう》さんが立っていたんですと。

そこで、じいさんは、

「お地蔵さん、お地蔵さん、今ここにマメ一つぶころがってこんかったかね。」

と聞いたらね、

「わしゃ見んぞ。」

と言うんだと。

「そんなはずないんだがなあ。うちのマメがこの穴《あな》にころがったんで、わしはいっしょうけんめいにほってきたんじゃがな。」

と、じいさんが困《こま》ってると、お地蔵さんは、

「そんなに言うんなら、そこらをさがしてごらん。それでもなかったら、わたしのひざの上さ上がって、もっとよく見てごらん。」

と言ってくれた。じいさんは、

「お地蔵さんのひざの上に上がるなんて、そんなもったいないことできねえ。」

と、えんりょしたけど、お地蔵さんにすすめられて、ひざの上に上がったと。

「見えたか。」

「いや、見つからねえ。」

「それじゃ、もっと遠くを見るために、わたしの肩《かた》の上さ上がってごらん。」

「いやいや、もったいなくて、そんなところに上がられねえ。」

と、じいさんはえんりょしたけど、お地蔵さんにすすめられて、肩の上に上がったと。

「見えたか。」

「いや、どうも見つからね。」

「変《へん》だな。それじゃ、わたしの頭の上さ上がってごらん。」

「いや、いや、ひざの上や肩の上でももったいないのに、頭の上なぞ上がるわけにいかねえ。」

と、じいさんがえんりょしたら、

「そんなこと言わないで、上がってごらん。」

「そんじゃ、ごめんなさいね。上がらせてもらいます。」

と、じいさんはお地蔵さんの頭の上からぐるーっとまわりを見わたしたと。

「見えたか。」

「へいへい、マメは見えんけど、そこの山の下で鬼《おに》みたいのがサイコロふってばくちを打ってるのが見えました。」

「そうか、そうか。それじゃ、わたしがよいときに合図《あいず》をするから、そこにある箕《み》(マメをごみとふるい分ける、竹であんだ道具)と竹を持って待っていなさい。箕の背中《せなか》をポンポンと竹でたたくと、バサバサッて羽《はね》の音がするから、そのとき、いっしょにコケコッコーと鳴《な》きまねをするんだよ。一番ドリ、二番ドリ、三番ドリまで鳴《な》くと、鬼《おに》どもは夜が明けたと思ってみなにげだすから、あとに残《のこ》った金や宝物《たからもの》は、じいさんが全部もらって帰りなさい。それは、今までじいさんとばあさんがマメ一つぶでもだいじにしてきたほうびだよ。」

と、お地蔵《じぞう》さんが話したと。そして、じいさんはお地蔵さんの合図《あいず》のたびに、箕《み》を竹でたたいては、

「バサバサ、バサッ、コケコッコー。」

と、三回やったので、鬼どもは、

「そらっ、たいへんだ。夜が明けるぞっ。急いで帰るぞっ。ばくちはやめだーっ。」

と、あわててにげていったんだと。そのあとには、ばくちに使った金がたくさんちらかっていた。じいさんはそれを全部拾ってしまうと、

「お地蔵さん、ありがとうございます。」

と、お礼を言って帰ったんですと。

大野ふなよ伝　文・蒲田　順一

山うばのおよめいり

ある川のそばの小さな村で、わたしはねえさんと暮《く》らしていました。

ねえさんがある日、わたしに言いました。

「これ、妹や。火だねがほしいな。これから行って火だねをもらってきておくれ。東の方は広い道、西の方には草におおわれた小道がある。けっして小道を通ってはいけないよ。かならず広い道を行くんだよ。」

言われたとおり広い道を行きましたが、ふと気がついてみると、いつのまにか草のしげった小道を歩いていました。

あわてて広い道にひき返しました。ところが、気がついてみると、また小道を歩いているのです。

こうして、広い道を六回、草の小道を六回歩きました。

もうすっかりつかれてしまいました。ふとみると一けんのカヤの家がありました。冬がこいが六重《ろくえ》にめぐらしてありました。

家には一人《ひとり》の貧《まず》しい山うばがいました。

「これ、何をしに来たのだ。」

「ねえさんが火だねをもらってこいというから来たのです。」

山うばは、着物のすそを少し切り、その上に灰《はい》を入れ、その上に火をのせました。

「これ、むすめや。おまえは帰るとちゅう、灰を少しずつこぼしながらゆくんだよ。」

わたしは灰をこぼしながら帰りました。

家の前にねえさんが立っていて、わたしをひどくしかりました。

「どうして、あんな化《ば》け物《もの》ばばの家に行ったの？　むかしからわたしたちの先祖《せんぞ》をつぎつぎにころした化け物なんだよ。わたしたちのところがわかったら、ろくなことはないわ。」

次の朝、戸を開けて山うばが入ってきました。

「おまえたちがこんなに大きくなったとは、ちっとも知らなかった。」

ねえさんはしかたなしに、山うばに食事を出してやりました。食事がすむと、

「わしのシラミをとっておくれ。」

ねえさんはすごくおこりましたが、山うばの頭から、大きなシラミをとりました。

「さあ、こんどはおまえのシラミをとってやろう。」

「わたしにはシラミなんかいないよ。」

山うばは、むりやりねえさんをすわらせて、頭から一ぴきシラミをとりました。

そしてねえさんに言いました。

「舌《した》をお出し！」

といって、ねえさんが舌を出すと、そこへシラミをおくふりをして、こっそり太《ふと》い針《はり》を出し、それでねえさんの舌を突《つ》きさして、ころしてしまいました。

山うばは自分の着物と、ねえさんの着物《きもの》をとりかえ、わたしの着物もはぎとって、わたしにはぼろを着せ、貝《かい》がらで食事をさせました。

わたしは毎日ねえさんのことを思い出して泣《な》いていました。

ある日、二人《ふたり》の若者《わかもの》が船をこいでやってきました。

山うばは、ねえさんのふりをして、上座《かみざ》にござをしきました。

若者《わかもの》は肉《にく》を持ってきました。その肉《に》を煮てみんなで食べました。

年下の若者は、うまそうな肉をわたしに食べさせてくれました。山うばは、

「そんなむすめに、そんないい肉を食べさせなくてもいいよ。」

と、おこりました。若者は、

「自分のめし使いにも、おいしい食事をさせるもんだよ。」

と言いました。

あくる朝、みんな船にのりました。年下の若者はわたしの手をとって、船にのせてくれました。

と、山うばは言いましたが、若者は、

「そんなむすめは、おいていけ。」

と、山うばは言いましたが、若者は、

「こんなところへ、おいてゆけるか。」

と言いました。

それから船をこぎ、ある村につきました。

その村の女の子たちが、たくさん集まっていました。

「とのさまのおよめさんが、ここをお通りになるのだ。」

と言いながら、きれいなござをしいて待っていました。

山うばはその上を歩いていきましたが、船《ふな》よいのために、きたない物をもらしてしまいました。

村のむすめたちは、

「きたない！　きたない！」

と言いながら、せっかくしいた美しいござをたたんでしまいました。

　みんなわたしをおいていってしまいました。わたしは草原へ行って泣《な》いていました。するとそこへ一人《ひとり》のむすめが来て、わたしを一けんの家へつれていってくれました。そこには年下の若者もいました。

　その晩《ばん》はそこにとまりましたが、夜中に用を足《た》そうとして、少し遠くへ行きがけると、わたしにだきついたものがありました。

　よくみると、ころされたねえさんでした。ねえさんはわたしに小袖《こそで》を何枚《まい》も着せ、金のかざりおびをしめさせ、その上にぼろの着物を着せました。

　次の日、およめさんのおどりがあるからといって、人びとはある家によばれました。山うばはむすめみたいになっておよめさんに化《ば》けていたのです。山うばは、わたしにむかって、

「そこのむすめ、おまえ、まずおどれ。」

と言いましたから、上のぼろをなげすてておどりました。

わたしの手からは、いろいろなものが雨と降《ふ》りました。村の男女は、みんな、はくしゅかっさいをしました。

こんどはおよめさんの番です。山うばの化《ば》け物《もの》ばばが立っておどりました。

山うばの手からは、大きなカエル、トカゲ、大きなヘビ、小さなヘビがぞろぞろと降りました。

その村の男や女たちはびっくりして、

「これは山うばだ。よめのようなふりをしていたのだ。」

みんなで山うばをつかまえました。そして山うばをころしてしまいました。

山うばの化け物ばばは、切りきざまれ、あっちこっちに投げすてられました。

わたしは年下の若者《わかもの》のおよめさんになりました。

文・大西　泰久

よめの手紙は手形《てがた》が一つ

むかしむかし、ある村に百姓夫婦《ひゃくしょうふうふ》がおったんだと。その百姓はかわいいむすめば、山、二つ三つ越《こ》えたとなりの村さよめにやったんだと。

そのむすめから、なんぼたってもおとさたねえもんで、親たちゃとっても心配《しんぱい》したども、何せこっちも貧乏百姓《びんぼうびゃくしょう》だもんで、行くにも行けねえんだと。

そんで、気にばしてたら、ちょんどそんとき、越中《えっちゅう》（富山《とやま》県）の薬売《くすりう》りが来たんだと。おっかさんが、

「ちょっこし待ってけれ。」

って、おくさ行ってしょうじ紙の切れっぱしさ、なんだか字みてえなものを書いてきたんだと。

見たら、バッテンの上に、ちょべっとかぎつけたよな、こんなん「又」が、六つ、七つ書いてあるだけなんだと。

その手紙ば見たむすめはな、涙《なみだ》ばこぼして読んだと。「おまえ又《また》※どうして又 来ないやら又 やまいして又 来ないやら又 少し又 来いやれ又……。」

そして「返事ば書くから持ってってけれ」と言ってな、手のひらさ、すみば真《ま》っ黒《くろ》にぬって、やっぱししょうじの切れっぱしの白い紙の上さ、べったりと手形《てがた》ば一つ押《お》して持たしたんだと。

その手紙ば見たおっかさんは、

「おうおう、むすめも、手にすきが※ねえのかのう。」

と、その手形ばじーっと見ていたと。

文・坪谷 京子

注 ※「又《また》」ということばは、うたがわしい気持ちを強めるときに使われることもありますが、この地方では「又」ひとつでも、ふしぎだなとか、心配《しんぱい》する気持ちを表すのにも使っています。
※すき＝すきということはすき間のことで、〃手にすきがない〃とはつまりひまがなくて手を離《はな》せない、いそがしいという意味《いみ》。

力持ち又《また》右衛《え》門《もん》

むかしの話だと。北海道《ほっかいどう》の南のはしに、恵山《えさん》というところがあるべさ。

今は道立《どうりつ》自然《しぜん》公園《こうえん》になっておるところだべし。

その恵山になあ、むかし三好《みよし》又《また》右衛《え》門《もん》という若者《わかもの》がすんでおったと。

なんだか強そうな名まえだべ。

又右衛門は、毎日山から硫黄《いおう》をとって、かせいでいたんだと。

ある晩《ばん》のことだと。

又右衛門の夢《ゆめ》まくらになあ、恵山権現《えさんごんげん》さまがお立ちになって、

「これ、又右衛門や。おまえに強い力をさずけてつかわすぞ、村人にその力でつくすのだぞ、
よいかなあ。」

と言ったかと思うと、ぱあっと姿《すがた》を消《け》してしまったと。

目をさました又右衛門は、変《へん》な夢を見たなあと思いながら、岩の間からわき出ている温泉《おんせん》に

入ったと。

手ぬぐいをぎゅうっとしぼったら、なんと不《ふ》思議《しぎ》なことに、手ぬぐいがふたつにちぎれてしまったと。

又右衛門《またえもん》は、びっくりしてしまったと。

「こりゃ、どうしたことだべ。おらにこんな力なんかなかったのになあ。」

そうしているうちに、からだじゅうがむずむずしてきて、力がわいてくるではないか。

ためしに、硫黄《いおう》をつめたカマス※を持ったら、かるがると持ち上がったんだと。

一俵《ぴょう》のカマスに十二貫《かん》（約《やく》四五キログラム）も入った硫黄を、いっぺんに五俵《ひょう》もかついで、恵山《えさん》の火口《かこう》から村までおりてきた又右衛門を見て、村の人たちはびっくりしたと。

「ありゃ、りゃりゃ、又右衛門のやつ、カマスを五俵もいっぺんにかつぐとは……。」

それからというもの、又右衛門の力持ちの話で、大さわぎになったと。

だども、又右衛門はそんなうわさはあんまり耳に入らんようで、毎日毎日山からカマスを五俵ずつかついでは、村へおりてきたんだと。おかげで、村の人たちは硫黄のことは、又右衛門にまかせてしまい、ずいぶん助かったと。

それだけではないんだと。

海へ出た船が、夕方沖《おき》から帰ってくるべさ。すると、みんなで船を浜辺《はまべ》へひっぱり上げるべえ。

又右衛門は、夕方沖から帰ってきた船を見ると、たったひとりで、船を浜辺へひっぱり上げてしまったのだと。

村の人たちは、二度びっくりしたと。

それからというもの、村の人たちは三好《みよし》又《また》右衛《えも》門《ん》を、力持ち又右衛門とよぶようになったと。

文・大西　泰久

注　※カマス＝わらなどで編《あ》んだむしろを二つ折りにして袋《ふくろ》にしたもの。

北海道のむかし地図

①大鵬とエビとアカエイ
②ムイとアワビの大げんか
③つり鐘をかぶった大ダコ
④エンカマと大ダコ
⑤ばけものとチョウザメのかくとう
⑥スズメとキツツキ
⑦ヒバリと天の神様
⑧雪地蔵
⑨早玉さま
⑩赤沼の竜神さま
⑪坊さんとタヌキ
⑫白鳥のかざり玉
⑬オタストゥン　ニシパの物語
⑭榎本武揚をだました白ギツネ
⑮キツネの丸太
⑯キツネのよめいり
⑰おもちのほしかったキツネ
⑱大人はキツネにだまされる
⑲キツネにつままれた話
⑳サケをかつぐクマ
㉑クマの胆
㉒さらしものになったクマ
㉓イモざしになったクマ
㉔おどる大グマ
㉕クマとにらめっこ
㉖ひとり歩きの子グマ
㉗クマとちえくらべ
㉘パナンペ・ペナンペ話
㉙川上の長者の息子と、川口の長者の娘の話
㉚ふしぎな力で村を救った娘の話
㉛カエルのうた
㉜カワウソの物語
㉝悪魔をかくした雌阿寒岳
㉞大アメマスを退治したアイヌラックルの話
㉟気のいいカッパ
㊱米と魚
㊲ハッカ成金
㊳石がもえた
㊴カボチャ黄疸
㊵電燈のつきはじめたころ
㊶病気たいじ
㊷ネズミとヘビと大ブキ
㊸灰の中の砂金
㊹繁次郎のとんち
㊺孝行もち
㊻マメーつぶ
㊼山うばのおよめいり
㊽よめの手紙は手形が一つ
㊾力持ち又右衛門

㉗㊼
礼文島
利尻島
稚内
㊱
㊸
⑲
紋別
滝ノ上
㊲
㉟
サロマ湖
㉓網走
㉔
北見
㊲
阿寒湖
留萌
⑤
神居古潭
旭川
大雪山
㉞
㉝
釧路
帯広
㊻
㉘
神威岬
①
神恵内
④
小樽
㉕
⑯
⑧
⑮
㊴
⑰
岩見沢
㊳
⑳
㉑
㊵
札幌
㉒
支笏湖
洞爺湖
苫小牧
室蘭
㉛
㉜
㊽
⑱
内浦湾
㉘
㉖
㉚
㉙
平取
⑥
⑦
⑬
えりも岬
奥尻島
㊷
⑨
⑪
⑭
江差
㊹
㊶
戸井
②
⑩
㊾
㊺
函館
③

あとがき

本州には子どもたちに話してやれるむかし話がたくさんあるのに、北海道にはそれがない、という嘆きを同僚や母親たちからよく聞かされました。私も二十二年前にそれを痛感して、数人の仲間と知里真志保博士の指導のもとに、子ども向きの「北海道のむかし話」を一冊にしたことがあります。その経験から、今回は、従来活字化されているものは、典型的なものだけに限定し、まだ文字化されていない伝承をできるだけ多く集めようと心がけました。

それは百年ないし五十年前の開拓時代の苦労話、うわさ話、聞き伝え等のいわゆる新しいむかし話となり得る話題です。そして、これらは私たちが子どものころ年寄りから聞かされたもので、今にして記録しておかなければ消えてしまう時期にきています。しかし、確かな話の伝え手を人づてに訪ねながら探し求めていく仕事は、容易なことではありませんでした。もっと良い話は残っていないかと求めて、たどり着いたのが老人ホームでした。ここがむかし話の宝庫と気づいたときには、すでに時間切れとなり、今回はじゅうぶん活用できなかったことが悔やまれます。

それにしても、私たちはこの一冊をまとめる過程で多くの勉強をしました。その方法を今後に生かす意味では、本書は結果ではなく、新しい「北海道のむかし話」への出発点としてご理解いただけることを願っています。

また本書を手にされた方々には、読み手として終わらないで、子どもとともに周囲のお年寄りたちから伝承を育て合う活動に乗り出してくださることを願ってやみません。

なお、執筆にあたりましては、故知里真志保博士はじめ多くの先人の方々のご研究を参考にさせていただきました。ここに厚くお礼申し上げます。

北海道むかし話研究会　蒲田　順一

◆『読みがたり　北海道のむかし話』発行にあたって

一九七八（昭和五三）年に初版発行された『北海道のむかし話』は、多くの子どもたちに読みつがれてきました。その『北海道のむかし話』を、よそおいも新たに発行することになりました。発行にあたっては、現代の社会事象に合わせて内容を検討し、文字も大きく読みやすくいたしました。語られたむかし話を丁寧に採話してつくった本ですので、お話の形はなるべく語られたもとの形をいかして編集しております。『北海道のむかし話』のかけがえのない特長である「語り」や「方言」の味わいはそのままに、読みやすくなったこの本が、学校やご家庭で広く読まれ、語り継がれていくことを願ってやみません。

北海道学校図書館協会　会長　大川秀明

『北海道のむかし話』編著者・協力者一覧

◆『北海道のむかし話』

本にまとめた人　大槻　富雄（札幌市立中央中学校長）　蒲田　順一（札幌市立拓北小学校長）

文を書いた人　石川　茂（前札幌市立東橋小学校長）　伊東　博（岩見沢市立郷土資料室）

大槻　富雄（札幌市立中央中学校長）　大西　泰久（札幌市立真駒内中学校教諭）

蒲田　順一（札幌市立拓北小学校長）　坪谷　京子（前札幌市立丘珠小学校長）

栃内　和男（前札幌市立和光小学校長）　永田　元久（札幌市立苗穂小学校教諭）

本間　エミ（檜山郡江差町在住）　簗瀬伊兵衛（苫小牧市立美園小学校教諭）

簗瀬　秀司（札幌市在住・郷土史研究家）

さし絵をかいた人　岸田　賢治（北海道美術協会会員）　杉山留美子（札幌市立旭ケ丘高等学校教諭）

原　義行（日本行動美術協会会員）　丸藤　信也（札幌市立栄中学校教諭）

米谷　雄平（札幌市・大谷短期大学助教授）

採話に協力してくれた人　岩見沢市教育委員会　大野　ふなよ（札幌市在住）

中村　純三（函館市在住）　鳴海　トヨ（札幌市在住）

原田　重治（札幌長生園園長）　簗瀬　快二（檜山郡江差町在住）

簗瀬仁右衛門（檜山郡江差町在住）　山内　鉄男（前札幌市立南小学校長）

田中　潤（北海道立教育研究所）　山本　吉美（前札幌市立二条小学校長）

（氏名・勤務校等は初版発行時）

◆『読みがたり　北海道のむかし話』

北海道学校図書館協会

大川　秀明（札幌市立福住小学校長）　浦田日出雄（札幌市立山鼻南小学校教頭）

鈴木　文夫（札幌市立稲陵中学校長）　大久保雅人（札幌市立藤野小学校教頭）

貴戸　和彦（札幌市立新琴似西小学校長）　小島　健一（札幌市立琴似小学校教諭）

野村　邦重（札幌市立みどり小学校教頭）　村山　知成（札幌市立東苗穂小学校教諭）

文を書いた人　大西　泰久　永田　元久　鈴木　文夫　貴戸　和彦　佐藤　広也

北海道のことば―佐藤　知己（北海道大学大学院文学研究科助教授）　（※順不同）

さし絵をかいた人　杉山留美子（札幌大谷短期大学教授）

協力　北海道教育庁生涯学習部文化課

〈参考文献―「昭和五十九年度アイヌ民俗文化財調査報告書」（北海道教育委員会発行）〉

（氏名・勤務校等は二〇〇五年三月現在）

読みがたり
北海道のむかし話

1978年 5月 30日 『北海道のむかし話』初版発行
2005年 7月 30日『読みがたり 北海道のむかし話』初版発行

編著者 北海道むかし話研究会 ©
北海道学校図書館協会

発行者 株式会社 日本標準
代表者 山田雅彦

発行所 株式会社 日本標準
〒167-0052
東京都杉並区南荻窪3-31-18
TEL 03-3334-2241(代表)

編集協力 制作 有限会社 ポシエム

印刷 製本 東京書籍印刷株式会社

NDC388/256P/21cm
ISBN4-8208-0133-3
☆落丁・乱丁本はおとりかえいたします。
コード 3020500000101

〈表紙・カバーデザイン〉鶴見 雄一

☆『読みがたり むかし話』シリーズについてのお問い合わせは
日本標準 郷土文化研究室/TEL:03-3334-2620 FAX:03-3334-2623
E-mail:kyodo@nipponhyojun.co.jp